모래 폭풍 속에서 찾은 꿈

* **일러두기**
   인명과 지명은 국립국어원의 '외래어 표기법'을 따르되 이미 굳어진 경우 관례에 따라 표기했습니다.
   사진 출처 ⓒ셔터스톡, 위키미디어, 알라미

모래 폭풍 속에서 찾은 꿈

글 김연희 이현희 · 그림 배민경

하루놀

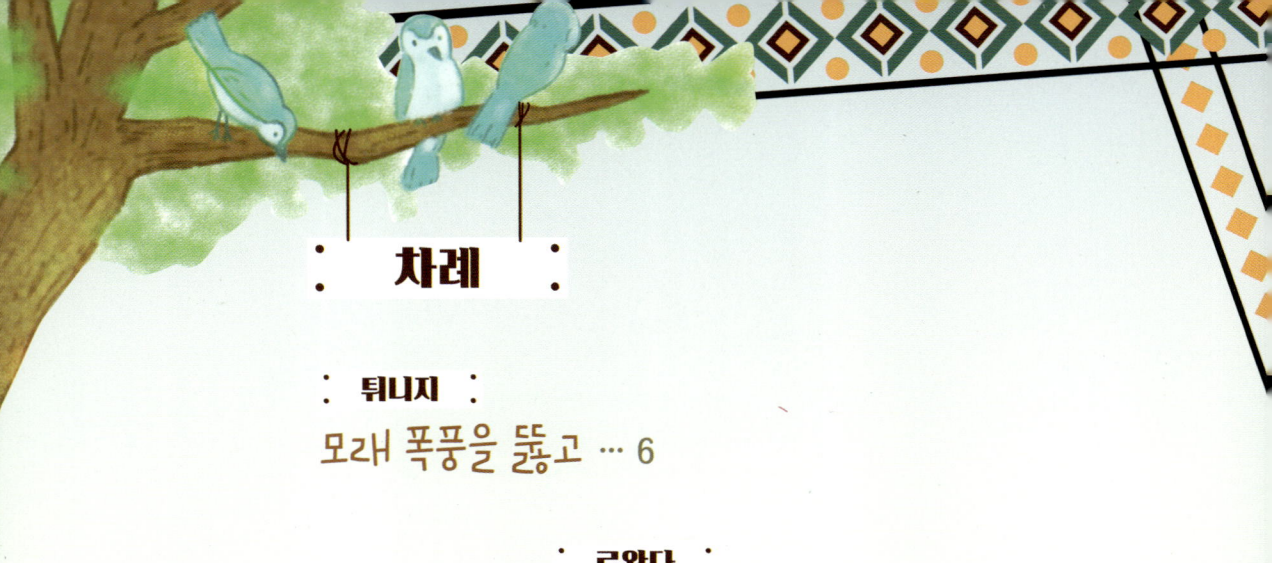

차례

튀니지
모래 폭풍을 뚫고 … 6

르완다
허브를 찾아서 … 28

가나
힘차게 달리는 트로트로 … 50

우간다
야호! 나도 이제 학교에 간다 … 70

이집트
알리시의 특별한 도자기 그릇 … 92

등장인물

카짐

유목 생활을 하는 베두인의 자부심을 잃지 않고 살아가는 튀니지 소년

이자벨

값나가는 허브를 찾아서 자전거를 사고 싶은 르완다 소녀

코피

곧 태어날 동생을 만나기 위해 아빠의 트로트로를 타고 달리는 가나 소년

라이사

글을 배우고 싶지만 학교에 다니지 못해 속상한 우간다 소녀

알리시

최고의 도예가를 꿈꾸며 아빠에게 인정받고 싶은 이집트 소녀

튀니지
모래 폭풍을 뚫고

"카짐, 너희 아빠가 낙타에서 떨어져서 크게 다쳤대."

양탄자 가게에서 아르바이트를 마치고 막 집에 들어선 카짐에게 주인집 할머니가 다급한 목소리로 말했다.

카짐은 땀으로 젖은 옷을 갈아입지도 못하고, 곧장 버스 터미널로 달려갔다. 다행히 두즈행 막차가 출발을 앞두고 있었다. 카짐은 버스에 올라타며 안도의 숨을 내뱉었다.

"휴, 버스가 있어서 다행이다."

카짐을 마지막으로 태운 버스는 바로 출발했다. 아빠가 계시는 두즈는 카짐이 지내고 있는 수도 튀니스에서 버스로 무려 여덟 시간 이상을 달려야 도착하는 곳이었다.

'아빠가 많이 다쳤으면 어떡하지?'

카짐의 머릿속은 아빠에 대한 걱정으로 가득했다.

카짐네 가족은 대대로 사하라 사막에서 낙타와 염소, 양을 기르며 유목 생활을 하던 베두인이다. 사막을 떠돌며 힘들게 지냈지만, 아빠는 늘 베두인이라는 사실을 자랑스럽게 여겼다.

"카짐, 우리 베두인들은 뜨거운 사막의 열기와 거센 모래바람 속에서도 살아남은 민족이야. 어떤 어려움이 닥쳐와도 이길 수 있는 힘이 있다는 것을 잊어서는 안 돼."

그런 아빠를 보며 카짐도 대를 이어 사막에서 유목 생활을 하기로 다짐했다. 그런데 연로했던 할아버지와 몸이 약했던 엄마가 잇따라 하늘나라로 떠나자, 아빠는 갑자기 유목 생활을 접었다. 그리고 사하라 사막의 초입에 있는 오아시스 도시인 두즈에 정착해 사막 여행 가이드로 일하기 시작했다.

"겨우 관광객을 상대로 돈을 벌려고 베두인의 전통과 자부심을 버리다니……."

카짐은 아빠를 이해할 수 없었다. 다시 사막으로 돌아가 유목 생활을 하자고 몇 번이나 이야기했지만, 아빠는 꿈쩍도 하지 않았다.

그러던 어느 날, 아빠가 심각한 표정으로 카짐에게 말했다.

"카짐, 세상은 변했어. 유목 생활로는 더 이상 먹고살 수가 없단다. 그래서 아빠가 오랫동안 고민했는데, 카짐 너는 튀니스에서 공부하는 것이 좋을 것 같구나. 큰 도시에서는 여기와 다르게 많은 것을 보고 배울 수 있을 거야."

베두인의 전통을 저버린 것으로도 부족해서 대도시로 가라니, 카짐은 아빠를 더욱 이해할 수 없었다. 가기 싫다고 몇 날 며칠을 버텨 봤지만, 아빠의 단호한 뜻을 꺾을 수 없었다. 결국 카짐은 혼자 튀니스에서 생활하게 되었다. 그게 벌써 1년 전 일이었다.

버스가 화려한 거리를 지나갔다. 이제는 익숙한 풍경이었다. 튀니스의 첫인상은 지중해에 있는 유럽 도시 같다는 느낌이었다. 정말로 튀니스는 조금만 가면 에메랄드빛 지중해에 발을 담글 수도 있었고, 날씨도 온화했다. 특히 중심가인 하비브 부르기바 거리에는 가톨릭 성당과 프랑스풍 카페, 파리의 개선문을 닮은 '바다의 문'까지 세워져 있어서 비록 가 본 적은 없지만 마치 프랑스 파리에 놀러 온 듯했다.

고요한 사막만 보고 자란 카짐에게 이런 도시 생활은 무척 복잡하고 정신없었다. 낯선 학교에 적응하기도 힘들었다. 이런 와중에 두 달 전부터는 아빠에게서 꼬박꼬박 오던 생활비마저 끊겼다. 아빠는 금방 보내 준다고 했지만, 무슨 일인지 생활비는 계속 늦어졌다.

"안 되겠다. 일을 구해 보자. 그럼 적은 돈이라도 벌 수 있을 거야."

결국 카짐은 일자리를 구하기 위해서 메디나로 향했다. 메디나는 아랍의 모습을 고스란히 간직한 옛 시가지였다. 그 안에는 이슬람 사원인 모스크와 고풍스러운 건물들, 전통 시장 수크 등이 옛 모습 그대로 남아 있었다. 특히 수크의 좁고 복잡한 골목 안에는 생필품과 향신료, 도자기, 양탄자 등 다양한 물건을 파는 가게들이 많았다.

그곳에서 카짐은 인심 좋은 양탄자 가게 주인을 만났다. 주인 아저씨 덕에 학교 수업이 끝나고 오후 시간에 일을 할 수 있었다. 그러나 자신의 키보다 훌쩍 큰 양탄자를 옮기는 일은 쉽지 않았다. 미로같이 복잡한 시장 골목에서 길을 잃는 바람에 배달 사고도 여러 번 냈다. 그때마다 카짐은 자신을 튀니스로 보낸 아빠가 원망스러웠다.

"두즈에 계속 있었으면 이런 고생을 안 해도 됐을 텐데, 이게 다 아빠 때문이야."

그런데 아빠가 다쳤다는 소식을 듣고 나니, 아빠를 원망했던 시간들이 후회됐다.

이런저런 생각에 잠겨 있는 동안, 버스는 튀니스를 벗어나 있었다. 창밖으로는 광활한 올리브밭이 한없이 펼쳐졌다. 한참을 더 달리자 검붉은 모래벌판이 나타나기 시작했다. 그리고 사하라 사막의 관문이라 불리는 두즈가 보이기 시작했다.

카짐은 버스에서 내려 고운 모래 위로 발을 내딛었다. 뜨거운 사막의 열기가 훅 느껴졌다. 그제야 두즈로 돌아온 것이 실감 났다. 카짐은 서둘러 집으로 향했다.

"아빠, 저 왔어요."

카짐이 안방 문을 열고 들어가며 말했다. 아빠는 허리에 붕대를 감고 침대에 꼼짝없이 누워 있었다. 아빠는 튀니스에 있어야 할 카짐이 눈앞에 나타나자 깜짝 놀랐다.

"네가 왜 여기에 있어? 학교는 어쩌고?"

"아빠가 다쳤는데 학교가 대수예요?"

"아빠는 괜찮아. 며칠만 쉬면 돼. 학비는 바로 보내 줄 테니까, 튀니스로 돌아가."

그러나 카짐은 돌아갈 생각이 전혀 없었다.

"싫어요. 아빠, 저 때문에 무리하다가 다친 거잖아요. 아니에요?"

아빠는 무언가 말을 하려다 이내 고개를 돌렸다. 카짐은 아빠가 다친 게 자신의 탓처럼 느껴졌다. 생활비를 보내려고 무리하게 일을 하다가 다친 게 분명했다. 카짐은 그대로 있다가는 아빠 앞에서 눈물을 쏟을 것 같아서 도망치듯 집 밖으로 나왔다.

카짐은 눈물을 참으려고 고개를 들었다. 까만 밤하늘에 별들이 찬란하게 빛나고 있었다. 밤하늘을 바라보며 카짐은 알라신께 빌었다.

'아빠가 빨리 건강을 되찾을 수 있도록 도와주세요.'

하지만 기도만으로는 부족했다. 카짐은 자신 때문에 다친 아빠에게 무언가 도움이 되고 싶었다.

다음 날, 아침이 밝자마자 카짐은 서랍에서 옷 한 벌을 꺼냈다. 사막의 모래바람에도 끄떡없는 전통 아랍 복장이었다. 카짐은 모래가 코와 입으로 들어오는 걸 막기 위해서 천도 머리에 둘렀다. 그리고 식량과 천막, 담요 등 필요한 짐을 낙타에 싣고 관광 구역으로 향했다.

사하라 사막은 튀니지 국토의 많은 부분을 차지하고 있었다. 그래서 사하라 사막 입구에 위치한 두즈는 사막 체험을 하기에 적합한 곳이라 세계 각국

에서 여행객들이 찾아왔다.

카짐은 관광 구역에 모여 있는 여행객들 중에서 인상이 좋아 보이는 한 부부에게 다가갔다. 아빠처럼 사막 여행 가이드가 되어 아빠의 약값이라도 벌어 볼 생각이었다. 하지만 어린 카짐을 본 부부의 표정이 어두워졌다.

"이런! 어린아이잖아? 네가 우리를 안내하겠다고?"

"그럼요. 저도 사하라에서 나고 자란 베두인인걸요. 저만큼 사막에 대해 잘 아는 사람도 없어요."

베두인인 것도 맞고, 아빠와 유목 생활도 해 보았으니 거짓말은 아니었다. 하지만 부부는 여전히 불안한 눈빛으로 카짐을 바라보았다.

"제 안내가 마음에 들지 않으시면 전액 환불해 드릴게요. 그러니 한번 믿어 보세요."

부부는 눈빛을 교환하며 잠시 고민을 하더니 결심한 듯 고개를 끄덕였다. 카짐은 행여 부부의 마음이 바뀔까 봐 얼른 짐부터 낙타 등에 올렸다.

"휘휘."

카짐이 입으로 소리를 내자 낙타들이 앞발을 꿇으며 주저앉았다. 덕분에 부부는 편하게 낙타에 올라탔다. 태어날 때부터 낙타와 생활한 카짐에게 이쯤은 식은 죽 먹기였다. 카짐은 한 손에는 나침반을 쥐고, 다른 한 손으로는 낙타 고삐를 잡고 행렬의 맨 앞에 섰다.

"얄라, 얄라, 얄라."

카짐이 소리를 내며 행렬을 이끌자, 낙타가 고운 모래 위에 발자국을 남기며 따라왔다.

"두 분, 부부 맞으시죠? 어디에서 오셨어요?"

카짐은 부부의 마음에 들기 위해서 친절하게 말을 붙였다.

"한국에서 왔어. 튀니지에서는 비행기를 타고도 열 시간 넘게 날아가야 하는 먼 곳인데, 알고 있니?"

"그럼요. 지난주에도 한국인 관광객 네 명을 안내했는데, 아주 마음에 들어 하셨어요."

카짐은 일단 아는 척을 했다. 그러고는 거짓말이 들통나기 전에 얼른 화제를 돌렸다.

"자, 제가 첫 번째로 안내할 곳은 사막 한가운데에 펼쳐진 새하얀 호수예요. 어떤 풍경일지 기대되지 않으세요?"

카짐은 일부러 '새하얀' 호수라고 강조했다. 효과가 있었는지, 부부의 눈빛이 호기심으로 반짝였다.

끝나지 않을 것처럼 황량한 모래 물결이 이어지더니 갑자기 새하얀 평야가 나타났다. 바로 소금 호수였다. 사막 한가운데에 신기루처럼 펼쳐진 소금 호수의 모습에 부부는 입을 다물지 못했다.

"이곳은 예전에 바다였어요. 그런데 물이 다 말라서 이렇게 소금만 남은 거죠."

카짐은 아빠에게 들은 이야기를 원래부터 알았던 것처럼 술술 읊었다. 다행히 부부는 카짐의 말솜씨에 푹 빠져들었다.

"다음 행선지는 사막 한가운데에 있는 마트마타 마을이에요. 아주 옛날에 그곳에 살던 사람들은 뜨거운 사막의 열기를 피하기 위해서 아주 기발한 생각을 했어요. 콜록. 바로 지하에 토굴집을 짓는 거였죠. 콜록. 거기에서 영화 〈스타워즈〉를 촬영…… 콜록콜록!"

입과 코로 자꾸 모래가 들어왔다. 바람의 기운이 심상치 않았다. 카짐은 불안한 마음으로 사막의 지평선 끝을 바라봤다. 저 멀리 장밋빛 바람이 먼지

회오리를 일으키며 다가오고 있었다. 모래 폭풍이었다.

"모래 폭풍이에요! 목까지 스카프를 두르고 코와 입을 단단히 가리세요. 빨리요."

모래 폭풍이라는 말에 부부는 겁을 먹었다. 불어오는 바람에 낙타도 균형을 잡지 못하고 제자리에서 빙글빙글 돌기 시작했다.

카짐은 아빠와 유목 생활을 하다 모래 폭풍을 마주쳤을 때를 떠올렸다. 그리고 아빠가 했던 그대로 바람을 막을 수 있는 적당한 장소를 찾았다. 카짐은 재빨리 천막을 치기 시작했다. 바람에 솟구친 모래가 얼굴과 손등을 마구 때렸다. 천막을 치기 위해 팔을 뻗을 때마다 옷 속으로도 모래가 들어와서 움직일 때마다 서걱거렸다. 그래도 꾹 참고 천막 치는 일에 집중했다.

"다 됐어요. 얼른 들어가세요."

카짐이 천막 입구를 열어 부부를 들여보냈다. 모래 폭풍은 점점 덩치를 불리며 다가왔다. 그러고는 이내 천막을 휘감으며 거세게 뒤흔들어 댔다. 카짐은 침착하게 가방에서 생수병을 꺼내 부부에게 건넸다. 아빠가 자신에게 그랬듯이 말이다. 부부는 카짐이 준 생수로 목에 걸린 모래를 씻어 냈다.

이윽고 천막이 잠잠해졌다. 밖을 슬쩍 내다보니 언제 폭풍이 왔었냐는 듯 사막은 고요한 얼굴이었다.

카짐은 빠르게 천막을 정리하고 다시 떠날 준비를 했다. 그런데 사막 풍경이 달라져 있었다. 모래 폭풍이 오기 전까지만 해도 모래 언덕들이 듬성듬성 산맥처럼 이어져 있었다. 앞으로 모래 언덕 두 개만 더 넘으면 마트마타였다. 그런데 모래 언덕이 사라지고 없었다. 모래가 거센 바람에 휩쓸리면서 완전히 다른 지형으로 변한 것이다.

카짐은 얼른 나침반을 꺼냈다. 그런데 나침반의 바늘이 빙빙 맴돌기만 했

다. 순간 카짐은 당황했다.

"큰일 났어요. 길을 잃어버린 것 같아요. 나침반도 고장 나서 어느 방향으로 가야 할지 모르겠어요."

"그럼 어떡해? 다른 방법은 없는 거야?"

사막에서 길을 잃었다는 말에 부부의 얼굴이 새하얀 도화지처럼 변했다. 무언가 방법을 찾아야 했다. 카짐은 침착하게 생각했다.

'아빠라면 어떻게 대처했을까? 그래, 맞아. 낙타는 멀리에서도 물 냄새를 맡을 수 있다고 했어. 아빠가 분명히 그렇게 말했어. 그러니 낙타가 향하는 대로 따라가면 될 거야.'

카짐은 아빠가 해 준 이야기를 부부에게 자세히 들려주었다. 부부는 낙타를 믿고 가야 한다는 사실에 불안해했다. 그러나 다른 방법이 없었다.

카짐은 고삐를 느슨하게 만들어 낙타가 마음대로 움직일 수 있게 했다. 그러자 느긋하게 걷던 낙타가 어딘가를 향해 빠르게 걷기 시작했다. 카짐은 낙타가 이끄는 대로 따라갔다.

얼마나 갔을까? 잠시 뒤, 거짓말처럼 작은 우물과 마을이 나타났다.

"카짐, 정말 대단하구나! 거친 사막에서 헤쳐 나오는 방법도 알고. 부모님은 네가 있어서 든든하겠어."

내내 가슴을 졸였던 부부는 카짐의 지혜로 무사히 사막을 빠져나오자 미소를 지으며 카짐을 칭찬했다.

"다 아빠에게 배운 거예요. 오랜 세월 사막에서 살아남으며 쌓은 지혜죠."

"괜히 사막을 잘 아는 베두인이라고 큰소리친 게 아니었어. 어리다고 의심해서 미안하구나."

그 순간, 카짐은 아빠의 아들이라는 사실이 자랑스럽게 느껴졌다. 그리고 새로운 사실을 깨닫게 됐다. 아빠는 베두인의 전통을 버린 게 아니었다. 오히려 전통을 지키기 위해서 사막 여행 가이드를 선택한 것이었다. 비로소 아빠에 대한 오해와 원망이 사라졌다. 마치 거센 모래 폭풍이 가져간 것처럼.

저녁 무렵, 두즈로 돌아온 부부는 카짐에게 팁까지 후하게 쳐주었다. 카짐은 그 돈으로 아빠의 약을 사서 집으로 돌아왔다. 그런데 카짐이 사 온 약을 본 아빠는 버럭 화를 냈다.

"네가 무슨 돈이 있다고 약을 사 와?"

카짐은 어떻게 말을 해야 하나 잠시 망설였다. 아빠에게 거짓말을 할까 싶었지만, 세상에 영원한 비밀은 없는 법이었다. 크게 혼나더라도 오늘 느낀 생각과 감정을 솔직히 털어놓고 싶었다.

"저, 사실은 오늘 아빠 대신 사막 여행 가이드를 다녀왔어요."

"뭐라고?"

카짐의 고백에 아빠는 깜짝 놀랐다. 카짐은 일단 아빠를 진정시켰다. 그리고 차분하게 오늘 겪은 일들을 이야기했다. 아빠는 붉게 달아오른 얼굴로 조용히 듣기 시작했다. 잠시 뒤, 카짐의 이야기가 모두 끝났다. 아빠는 한동안 말을 잇지 않았다.

'얼마나 크게 화를 내려고 저러시지.'

카짐은 가슴이 콩닥콩닥 뛰었다. 그때 아빠가 카짐의 어깨를 토닥이며 말했다.

"아빠 때문에 네가 괜한 고생을 했구나. 고맙고 미안하다."

아빠의 눈가가 촉촉하게 젖어 있었다.

"아니에요. 제가 죄송해요. 사실 그동안 아빠가 베두인이라는 자부심을 버렸다고 오해했거든요. 그런데 사막에서 직접 경험해 보니 알겠더라고요. 단

순히 관광객을 상대로 돈만 버는 게 아니라, 조상들의 전통을 지키기 위해서 아빠가 이 일을 선택했다는 것을요. 제 말이 맞죠?"

"그래, 사실 아빠도 고민이 많았어. 하지만 넌 아빠와 다르게 많은 것을 보고 자라길 바랐어. 조상들이 물려준 전통과 지혜까지 다 잊어버리라고 너를 튀니스로 보낸 게 아니야."

"네, 이제 알아요. 누가 뭐라고 해도 전 베두인이고, 어디에서 무엇을 하든 우리 조상들이 그랬던 것처럼 저도 베두인답게 잘 이겨 나갈 수 있다는 것을요. 아빠 뜻대로 튀니스로 돌아가면 공부 열심히 할게요."

"우리 아들, 많이 컸구나."

아빠는 카짐의 작은 손을 꼭 잡아 주었다. 사막의 차가운 밤공기가 싸늘하게 내려앉았지만, 카짐의 마음은 더없이 따뜻해졌다.

지중해와 사막의 나라

튀니지는 아프리카에서 가장 북쪽에 있는 나라이다. 국토 면적은 163,610제곱킬로미터로, 한반도보다 작으며 인구는 약 1200만 명이다. 북동부는 길고 아름다운 지중해 해안선이 이어져 있어서 전형적인 지중해성 기후가 나타난다. 연평균 기온이 20도 이하로, 여름에는 덥고 건조하지만 겨울에는 따뜻하다. 남서부에는 광활한 사하라 사막이 펼쳐져 있어서 내려갈수록 건조한 사막 기후가 나타난다. 사막인 사하라 지역은 낮 기온이 40도를 넘나들 정도로 무덥고, 몇 년 동안 비가 내리지 않을 때도 있다.

북서부 아프리카의 비옥한 곡창 지대

사하라 사막과 지중해 바다, 아틀라스산맥으로 둘러싸인 북서부 아프리카 지역을 일컬어 '마그레브'라고 한다. '해가 지는 서쪽'이라는 뜻의 아랍어로, 튀니지를 비롯해 모로코, 알제리 등이 여기에 속한다. 이 가운데 튀니지는 국토는 가장 작지만 풍요로운 땅이다. 로마 제국 시대에는 '빵 바구니'로 불릴 만큼 유명한 곡창 지대였다. 지중해와 맞닿아 있는 땅들이 매우 비옥하기 때문인데, 오늘날에도 밀, 올리브, 오렌지 등이 많이 생산된다. 음식도 지중해식 요리와 마찬가지로 올리브 기름과 향신료, 토마토, 해산물, 양고기 등을 많이 활용한다. 대표적인 음식은 '쿠스쿠스'이다. 쿠스쿠스는 밀가루를 비벼서 좁쌀 모양으로 만든 알갱이로, 우리로 치면 쌀과 같은 식재료

이다. 이 쿠스쿠스에 물과 올리브 오일, 소금을 섞어 넣고 세 번에 나눠 찐다. 기호에 따라 고기나 채소로 만든 스튜와 함께 먹기도 한다. 모로코, 알제리 등 다른 북서부 아프리카 나라들도 많이 먹는 전통 음식이다.

쿠스쿠스

머리는 유럽, 가슴은 아랍, 발은 아프리카

튀니지는 고대 페니키아 사람들이 세운 도시인 카르타고가 있던 곳이다. 그러나 오늘날 튀니지에는 카르타고의 유적이 거의 남아 있지 않다. 로마 군대가 카르타고와의 전쟁에서 승리한 뒤 도시를 불태워 황무지로 만들었기 때문이다. 그 뒤 로마 황제 아우구스투스가 도시를 다시 만들었다. 로마가 망한 뒤에는 아랍 민족의 지배를 오래 받았고, 근대에 들어와서는 프랑스의 식민 지배를 받다가 1956년에 독립하였다. 이처럼 수천 년 동안 여러 나라의 지배를 받았던 탓에 오늘날 튀니지에는 고대 로마, 페니키아, 이슬람, 유럽 문화가 곳곳에 남아 있다. 언어도 아랍어가 공용어이지만, 프랑스어도 함께 사용한다. 이런 특성 때문에 튀니지를 '머리는 유럽, 가슴은 아랍, 발은 아프리카'에 두고 있는 나라라고 부른다.

개방적인 무슬림의 나라

이슬람교를 믿는 사람을 무슬림이라고 하는데, 무슬림들은 반드시 해 뜰 무렵, 정오, 오후 네 시경, 해질 무렵, 잠자기 전 이렇게 하루에 다섯 번씩 이슬람교 성지인 메카를 향해 알라신께 기도를 한다. 튀니지는 국민의 대부분이 이슬람교를 믿는데, 여느 아랍 국가에 비해 개방적이고, 여성의 지위도 높은 편이다. 무슬림 여성들이 머리를 가리는 히잡을 의무적으로 쓰지 않아도 되고, 일부다처제도 법으로 금지되어 있다.

수도 튀니스의 매력

튀니스는 튀니지의 수도이다. 지중해 해변을 낀 풍경이 워낙 아름다워서 '북아프리카의 파리'라고 불리기도 한다. 튀니스는 이슬람 문화가 형성되었다가 프랑스 식민지 시대부터 서구화되기 시작했다. 그래서 프랑스풍 거리와 이슬람의 모스크를 한 도시에서 볼 수 있다. 파리의 개선문을 닮은 '바다의 문'을 경계로, 신시가지와 구시가지로 나뉜다.

지투나 모스크

튀니스에서 가장 크고 오래된 이슬람 사원으로, 7세기에 세워졌다가 9세기에 첨탑을 제외하고 현재의 모습으로 재건되었다. 지금은 예배당으로만 사용되고 있지만, 과거에는 학교로도 그 역할을 했다. 모스크 중앙 건물은 카르타고 지역의 유적지에서 가져온 200개의 기둥을 이용해 만들었다. 기도실은 베네치아산 유리로 만든 거대한 샹들리에와 고대 기둥, 조각품 등으로 장식되어 있다. 모스크의 높은 첨탑인 '미나레트'는 사각 모양으로, 19세기에 만들어졌다. 이 뾰족한 첨탑은 수크 어디에서도 볼 수 있어서 길을 찾는 나침반 역할을 한다. 지투나 모스크는 메디나와 함께 유네스코의 세계 문화유산으로 등재돼 있다.

옛 아랍 도시, 메디나

튀니지는 도시마다 아랍인이 만든 옛 도시인 메디나가 발달해 있다. 그 가운데 수도 튀니스의 메디나는 동서로 800미터, 남북으로 1,600미터로 아주 넓다. 그 안에는 모스크, 궁전, 학교, 전통 가옥 등 700여 개의 건물이 남아 있다. 좁은 골목이 미로처럼 얽혀 있는 전통 시장 수크도 원형 그대로 보존되어 있다. 이곳에서는 화려한 색채가 돋보이는 전통 도자기와 공예품, 각종 향신료와 가죽 잡화, 양탄자 등 이슬람 전통이 담긴 다양한 물건들을 판다. 옛 아랍 도시의 풍경을 그대로 간직한 튀니스의 메디나는 1979년에 유네스코 세계 문화유산으로 지정됐다.

세계에서 가장 큰 사하라 사막

사하라 사막은 아프리카 대륙 북부에 위치한 세계에서 가장 큰 사막이다. 튀니지를 비롯해 리비아, 모로코, 알제리, 이집트, 수단 등 여러 나라에 걸쳐 있다. 사하라 사막 북쪽은 유럽의 영향을 많이 받았으며, 남쪽은 아프리카의 전통 문화가 많이 남아 있다.

흔히 사막은 모래만 있을 거라 생각하지만 사하라 사막은 대부분이 바람에 깎인 돌과 바위로 이루어진 암석 사막이다. 하지만 사하라 사막의 중심부에서 발견된 사람과 동물의 뼈, 그리고 동굴 벽화 속 동식물을 통해 사하라 사막도 한때 푸른 초원이었던 것으로 추정되고 있다.

거센 모래 폭풍

사막은 낮과 밤의 기온차가 무척 크며, 종종 모래 폭풍이 찾아온다. 모래 폭풍은 건조한 지역에서 발생하는 모래바람이다. 낮 동안 뜨거워졌던 공기가 밤이 되면 위로 올라가는데, 이때 먼지와 모래도 같이 올라간다. 이들이 하늘에서 바람과 만나면 모래 폭풍이 되는 것이다. 또 서로 다른 기류가 부딪치면서 일어나기도 한다. 심한 경우에는 눈앞이 안 보일 정도로 강력한 모래 먼지와 바람이 일어난다.

이처럼 모래 폭풍으로 바람이 심하게 불면 사막의 지형이 변하기도 한다. 그렇기 때문에 사막에서 지형만 보고 방향을 정하면 길을 잃을 수 있다. 또한 모래 폭풍이 일어나면 미세한 모래 알갱이가 서로 마찰하면서 정전기를 일으켜 전자 장비가 고장을 일으킬 수도 있다. 그래서 모래사막에 들어가기 전에는 나침반이나 GPS 등 방향을 판단할 수 있는 도구를 여러 개 들고 다녀야 안전하다.

기적의 오아시스

사막에서는 바람의 작용으로 모래가 패이면서 지하수가 솟아 풀과 나무가 자라기도 한다. 이런 곳을 오아시스라고 부른다. 메마른 사막과 달리 물이 고여 있는 오아시스는 사막 생활의 중심이다. 대추야자와 밀, 보리 등의 농사를 지을 수 있어서 작은 마을이 형성되거나, 사막을 오가는 무역상들의 교역 거점으로서 중요한 역할을 했다. 튀니지 중부에 위치한 두즈는 큰 오아시스가 있는 도시이다. 예전부터 사하라 사막으로 들어가는 관문 역할을 했으며, 오늘날에도 사하라 사막을 즐기려는 관광객들이 많이 찾아오는 곳이다. 매년 12월에 열리는 '사하라 국제 페스티벌' 때에는 수많은 사람들이 두즈에 모인다.

사막의 유목민

베두인은 아랍어로 '사막에 사는 사람들'이란 뜻이다. 주로 북아프리카, 아랍 사막 지대에 퍼져 살고 있는 것으로 알려져 있다. 아주 오랜 옛날부터 베두인은 낙타와 염소, 양 등을 기르는 유목민이었다. 비가 많은 계절에는 사막에서 지내고, 건조한 시기에는 풀이 자라는 지역을 찾아 이동하며 살았다. 양과 염소에게서 젖과 고기 등을 얻고, 빵은 아주 간단하게 만들어 먹었다.

척박한 환경을 딛고 사막에서 살아남은 베두인은 유목민이라는 사실을 자랑스럽게 여긴다. 그러나 이들이 생활하던 지역에서 석유가 발견되면서 지금은 전체 베두인족 중 소수만이 유목 생활을 하고 있다.

사막의 이동 수단, 낙타

낙타는 사막의 중요한 이동 수단이다. 무거운 짐도 거뜬히 싣고, 사막에서 진화한 동물이라 모래벌판에서도 쉽게 걸을 수 있기 때문이다. 낙타는 발가락이 두 개이고, 발바닥에 있는 둥근 형태의 부분이 커서 땅에 닿는 면적이 넓기 때문에 모래 땅을 걸어다니기에 알맞다. 또, 눈썹이 매우 길고 콧구멍도 닫을 수 있어서 모래바람이 불어와도 끄떡없다. 시력이 좋아서 먼 곳을 잘 보고, 후각도 뛰어나서 몇 킬로미터 떨어진 곳의 물 냄새도 잘 맡는다. 무엇보다 신기한 것은 낙타의 혹인데, 혹은 물이 아닌 지방으로 이루어져 있다. 낙타는 혹에 든 지방을 분해해 필요한 수분을 얻을 수 있어서 3일 정도는 물을 마시지 않고도 견딜 수 있다.

소금 호수, 제리드

제리드호는 사하라 사막 한가운데에 있는 말라 버린 소금 호수이다. 이 지역은 원래 바다였는데, 지각 변동이 일어나면서 물길이 막혀 호수가 됐다. 그 뒤, 건조한 기후가 이어지자 물이 모두 증발하고 흰 소금만 남게 된 것이다. 소금 호수는 철따라 햇빛에 따라 초록, 주황, 분홍으로 시시각각 다른 빛을 낸다.

거대한 지하 도시, 마트마타

튀니지 남부에 있는 마을이다. 과거 이곳에 살던 원주민들은 사막의 뜨거운 햇볕을 피하기 위해 토굴집을 지었다. 땅을 거대한 우물처럼 깊게 판 다음, 다시 동굴처럼 구멍을 뚫어 방과 창고, 외양간 등을 만들었다. 이런 토굴집은 아래, 위, 옆으로 연결되어 있어서 거대한 지하 도시를 연상케 한다.

르완다
허브를 찾아서

"앗!"

자전거 한 대가 휙 지나가며 이자벨에게 흙탕물을 튀겼다. 어제 비가 와서 웅덩이에 물이 고인 탓이었다. 이자벨은 짜증이 날 법도 했지만 화를 내지 않았다. 오히려 멀어지는 자전거를 멍하니 바라봤다.

'나도 자전거 갖고 싶다.'

이자벨은 예전부터 자전거를 가지고 싶었지만, 엄마가 사 주지 않을 것 같아서 말을 꺼내 보지도 못했다. 엄마는 자전거를 탄 여자아이들을 볼 때마다 쯧쯧거리고는 했기 때문이다.

이자벨은 에잇, 하면서 길 위에 놓인 돌멩이를 발로 찼다. 그런데 속이 시원하기는커녕 돌멩이를 찬 발만 아팠다. 눈물이 찔끔 났다.

'바보같이!'

이자벨은 속으로 자신에게 화를 내며 집을 향해 걸었다. 저 멀리 수수밭이 보였다. 하늘을 향해 꼿꼿이 서 있는 수수가 산 너머로 지는 해의 붉은빛을 받아 꼭 횃불처럼 보였다.

이자벨은 마음이 답답해졌다. 그래서 숨이 가쁠 만큼 뛰었다. 헉헉거리며 집에 도착하니, 엄마가 마당에 널었던 수수를 걷고 있었다. 허리를 숙이고

 바가지로 수수를 모으는 엄마를 보면서 이자벨은 인사도 없이 곧장 방으로 들어갔다. 그런 이자벨을 보고 엄마가 말했다.

 "사내아이처럼 너무 뛰어다니지 말렴. 비탈길이 많아서 위험하단다. 그리고 이자벨, 이제 공부도 해야지. 6학년이 되면 졸업 시험도 봐야 하는데, 미리 공부하지 않으면 초등학교도 졸업하지 못하는 수가 있어. 시험을 보려면 영어도 공부해 둬야 하는데, 지금처럼 해서야 되겠니? 미리미리 공부해야 중학교에 가서도 공부를 잘할 수 있는 법이야."

"난 공부가 재미없어요. 하지만 초등학교 졸업 시험은 식은 죽 먹기예요. 시험 과목 모두 50점씩만 받으면 되는걸요. 학교에서 하는 것만으로도 문제없어요."

이자벨은 엄마의 말에 자신만만하게 대답했다. 그러고는 방 밖으로 나와 엄마 옆에 쪼그려 앉아서 결심한 듯 말했다.

"엄마, 자전거 사 주면 안 돼요?"

"자전거는 위험해. 사방이 온통 산이라서 자전거를 탈 만한 곳이 별로 없잖니. 괜히 르완다를 수많은 언덕을 가진 나라라고 하는 게 아니란다."

"조심히 탈게요. 자전거 사 주면 지금보다 공부도 더 열심히 할게요."

"이자벨, 공부는 엄마를 위해서 하는 게 아니란다."

"맨날 같은 소리. 내가 공부 잘하면 엄마도 기분이 좋고, 동네 아줌마들 사이에서도 우쭐해지잖아요. 지난번에 엄마가 언니 자랑하는 거 다 들었어요."

"그렇지만 공부는 진짜 너를 위한 일이야. 어른이 되면 알게 될 거야."

이자벨은 자전거가 위험해서 안 된다는 말을 이해할 수 없었다. 이자벨은 잠자리에 누워서 키부호 근처에 떨어져 살며 학생들을 가르치는 언니를 떠올렸다. 이자벨은 '언니에게 부탁할까?'라는 생각을 하다가 잠이 들었다.

눈을 떠 보니 엄마가 벌써 일어나서 나갈 채비를 하고 있었다. 이자벨은 벌떡 일어나서 엄마에게 물었다.

"어디 가세요?"

"오늘이 이번 달 마지막 주 토요일이잖니. '우무간다 데이' 말이야. 오늘은 마을 회관 청소를 하고 회의를 한다는구나. 오늘은 꼭 우리 집으로 오는 길목에 가로등을 설치하자고 이야기를 해야겠어. 길도 먼데 너무 어두워서 위험한 것 같아."

이자벨도 엄마를 따라 마을 회관으로 나섰다. 그곳에 가면 이자벨처럼 엄마를 따라 나온 친구들을 만날 수 있기 때문이다. 그중에서 자전거를 가진 라뇨는 가끔 친구들에게 타 보라며 자전거를 빌려주고는 했다. 이자벨은 오늘 라뇨의 자전거를 빌려 탈 생각이었다.

마을 회관에 가까워지자 마을 아줌마와 아저씨들이 보였다. 한 아저씨가 무언가 잔뜩 실은 나무 자전거를 타고 옆을 지나갔다. 이자벨은 나무 자전거도 좋아한다. 하지만 발로 밀어서 타야 하는 나무 자전거는 이자벨에게 너무 무거웠다. 또 다른 나무 자전거가 이자벨 앞을 지나 달려갔다. 그런데 잘 달리던 나무 자전거가 갑자기 멈춰 섰다. 어딘가 고장 난 듯했다. 이자벨은 엄마의 뒤를 따라가다 말고 나무 자전거가 세워진 곳으로 향했다.

"어디가 고장 난 거예요?"

"핸들에 못이 빠졌는지 헐렁하구나. 너무 오래 탄 것 같네. 유칼립투스 나무로 새로 하나 만들어야겠어."

"와! 아저씨, 나무 자전거도 만들 줄 아세요? 대단해요!"

이자벨의 반응에 아저씨는 미소를 지었다. 그러고는 망치와 펜치를 가지고 자전거 핸들을 손보았다.

그런데 그때, 친구들 몇몇이 무리 지어 어디로인가 향하는 것이 보였다. 이자벨은 친구들이 있는 곳으로 갔다. 친구들은 아보카도 나무 옆에 흙이 수북이 솟아난 곳을 살피고 있었다. 끝이 뾰족한 긴 막대기로 땅을 쑤셔 보기도 했다. 그때, 한 친구가 외쳤다.

"여기다!"

이자벨도 친구가 가리킨 곳을 보았다. 긴 막대기가 땅속으로 쑥 들어갔다. 두더지 땅굴이었다. 친구들은 감자 조각을 미끼로 두고 두더지 덫을 놓은 뒤, 두더지가 나오기를 기다렸다.

  이자벨은 두더지 잡는 것이 별로 재미없었다. 이자벨은 라뇨를 찾아서 주위를 두리번거렸다. 아이들 무리와 조금 떨어져서 풀을 살피고 있는 라뇨가 보였다. 오늘은 자전거를 가지고 오지 않았는지, 라뇨 옆에 자전거가 없었다. 이자벨은 실망하며 라뇨에게 다가가서 물었다.

  "자전거도 타지 않고 뭐 해?"

  "여기에 허브가 있나 확인하고 있었어."

  "허브?"

  "응. 그런데 별로 쓸모가 없는 거네. 허브 중에는 약재로 쓰는 게 있는데, 그런 것은 비싸서 팔면 돈을 많이 받을 수 있어. 보통 산고릴라가 다니는 곳에서나 하나둘 겨우 보일 만큼 찾기가 힘들지만 말이야."

  "정말 그 허브를 찾기만 하면 비싸게 팔 수 있는 거야?"

  "응, 엄청 비싸다고 들었어."

  "얼마나 비싼데?"

  "아마 자전거도 살 수 있을걸."

  라뇨의 말에 이자벨이 고개를 번쩍 들었다.

  '이거다!'

  오늘은 일요일이라서 수업이 없지만, 이자벨은 아침 일찍 일어났다. 엄마는 르완다의 전통 바구니인 아가세케를 만들러 일찌감치 일터로 나갔다. 이자벨도 집을 나서서 공터로 향했다. 라뇨의 자전거를 타고 산으로 가기 위해서였다.

  이자벨이 사는 곳에서 가까운 산에 산고릴라가 살고 있었다. 이자벨은 비싼 허브를 구해서 자전거를 살 생각이었다. 이자벨이 얼마나 자전거를 갖고 싶어 하는지 잘 알고 있던 라뇨가 같이 찾아 주겠다고 했다. 이자벨은 가슴이 두근거렸다.

이미 공터에는 라뇨가 나와 있었다. 둘은 자전거를 타고 목적지를 향해 달렸다.

산으로 가는 길목에 들국화가 펼쳐진 작은 벌판이 보였다. 노란색 꽃잎들이 바람에 잔물결처럼 흔들렸다. 자전거 뒤에 앉은 이자벨이 라뇨에게 말했다.

"들국화 좀 봐. 예쁘지 않니? 그런데 우리 엄마는 위험하다고 들국화 있는 곳에 가지 못하게 하더라."

"살충제를 만드는 원료라서 그럴 거야."

'저렇게 예쁜 꽃에 독이 있다니!'

이자벨은 조금 놀랐다. 그래도 여전히 하늘하늘 흔들리는 노란색 꽃잎들이 무척 예뻐 보였다. 이자벨은 시선을 다른 곳으로 돌렸다. 이번에는 능선 굽이굽이 이어진 길을 따라 펼쳐진 밭이 보였다. 산비탈마다 계단처럼 만든 밭에서 사람들이 일하고 있었다.

한참이 지나자 라뇨가 페달 밟는 것을 힘들어해서 이자벨은 라뇨와 자리를 바꾸었다. 이번에는 이자벨이 페달을 밟았다. 둘은 틈틈이 쉬면서 주머니에 넣어 둔 수수를 꺼내 손바닥으로 비벼서 알곡 그대로 먹었다. 엄마는 수수로 죽을 자주 쒀 주었지만 이자벨은 이렇게 생으로 먹는 것을 더 좋아한다. 훨씬 고소하기 때문이다.

다시 달리고 달려서 드디어 산 입구에 도착했다. 이자벨과 라뇨는 자전거를 보이지 않는 곳에 숨겨 두고 산을 오르기 시작했다. 다행히 라뇨는 산길을 잘 알고 있었다. 라뇨의 아빠가 숲을 연구하는 전문가라서 함께 산을 자주 다니기 때문이었다. 그래도 이자벨은 살짝 겁이 났다. 숲 입구에 다다르자 나무와 풀이 울창해서 어두컴컴하게 보였기 때문이다.

"이자벨, 내 뒤를 잘 따라와. 길을 벗어나면 위험한 동물들이 있을 수 있으니까."

"그런데 어떻게 산길인 걸 알아?"

이자벨은 라뇨가 산을 자주 다니면서 알게 된 또 다른 방법이 있나 궁금했다.

"사람들이 지나간 길이랑 동물들이 지나간 길은 표가 나. 풀이 많이 없거나 밟혀서 누워 있거든. 그걸 찾아서 따라가면 돼."

이자벨은 라뇨의 설명에 고개를 끄덕였다. 산속은 생각했던 것보다 더 울창했다. 이자벨의 허리까지 오는 고사리와 이름 모를 풀들이 무성했다. 높이가 짐작이 되지 않는 큰 나무들이 하늘을 가리고 있어서 한낮인데도 어두웠다. 나뭇잎 사이로 들어오는 햇빛이 산길을 찾아 주는 손전등 같았다.

한 시간쯤 올라가자 배가 고팠다. 이자벨과 라뇨는 잠시 쉬며 감자를 먹기로 했다. 둘은 주변에 앉기 좋은 자리를 찾았다. 그때, 갑자기 비가 내리기 시작했다. 우기에는 늘 있는 일이어서 걱정하지는 않았지만, 비를 피할 곳이 필요했다. 주위를 둘러보니 밑동 부분이 동굴처럼 깊게 파인 커다란 나무가 있었다. 라뇨와 이자벨은 그 안으로 들어가 감자를 먹으며 비가 멈출 때까지 기다렸다.

비가 그치자 둘은 다시 허브를 찾으며 산을 올라갔다. 하지만 한참이 지나도 허브는커녕, 산고릴라 꽁무니도 볼 수 없었다. 이자벨은 초조해졌다.

"라뇨, 우리 이러다가 못 찾는 거 아냐?"

"고릴라만 발견하면 허브를 바로 찾을 수 있어. 내가 고릴라를 찾는 방법을 알고 있으니 조급해하지 마."

"어떻게?"

"바닥에 누런 똥을 싸거든. 아빠가 말해 주셨는데, 고릴라는 워낙 많이 먹어서 똥을 자주 싼대. 그것도 아주 큰 동그란 빵 모양으로 똥을 싸니까 금방 찾을 수 있을 거야. 그리고 고릴라가 내는 특유의 소리가 있어. 서로 다툴 때, 끼룩거리는 소리를 시끄럽게 내기도 해."

이자벨은 귀를 기울이고 땅을 유심히 살폈다. 그때, 어디에선가 끼룩거리는 소리가 들렸다. 이자벨이 소리쳤다.

"라뇨, 저쪽인가 봐!"

라뇨는 고개를 저으며 말했다.

"아니야, 그 소리는 원숭이 소리야."

"어떻게 알아?"

"원숭이도 각기 다른 소리를 내거든. 돼지나 새 같은 소리를 내기도 한대. 늉그웨 국립 공원에 가면 원숭이들이 많아서 그 소리 차이를 알 수 있다고 아빠가 말씀하셨어. 자세히 들어 봐. 끼룩거리는 것이 아니라, 꾸르륵거리잖아."

라뇨의 설명에 이자벨은 고개를 갸웃거렸다. 아무리 귀를 기울여도 자신의 귀에는 끼룩거리는 것처럼 들렸기 때문이다. 이자벨이 이해하지 못하겠다는 표정을 짓자 라뇨는 그 모습이 재미있는지 미소를 지었다.

그런데 그때였다. 갑자기 고릴라 한 마리가 라뇨에게 달려들었다. 이자벨은 놀라서 얼음처럼 몸이 굳어 버렸다. 라뇨는 당황하는 기색 하나 없이 그 자리에 조용히 앉았다. 그러고는 이자벨에게도 자리에 앉으라고 손짓했다.

이자벨까지 바닥에 앉자, 공격할 것처럼 달려들었던 고릴라가 얌전해졌다. 그러더니 이자벨과 라뇨 옆을 지나쳐 자리를 차지하고는 풀을 뜯어 먹기 시작했다. 가만히 살펴보니 가까이에 10여 마리의 고릴라가 있었다. 둘은 가만히 고릴라들을 바라봤다. 그러고는 서로 얼굴을 보고 싱긋 웃었다.

풀을 먹을 만큼 먹었는지, 고릴라들이 움직이며 이동하기 시작했다. 이자벨과 라뇨는 슬며시 고릴라 옆으로 다가갔다. 라뇨가 갑자기 소리를 냈다. 이자벨은 라뇨 옆에 바짝 붙으며 물었다.

"왜 소리를 내는 거야? 그러다가 고릴라가 공격하면 어쩌려고?"

"지금 내는 소리는 고릴라에게 친근함을 표현하는 거야. 이렇게 소리를 내면 고릴라가 공격하지 않아. 사실 고릴라는 순둥이라서, 공격할 것처럼 보여도 가만히 있으면 그냥 지나가거든."

라뇨의 설명을 들은 이자벨도 라뇨를 따라서 소리를 내며 고릴라 옆으로 좀 더 다가가 허브가 있는지 살펴보았다. 계속해서 고릴라를 따라가며 살폈지만 결국 원했던 허브는 찾지 못했다. 그러는 사이 해가 산 너머로 넘어가고 있었다. 라뇨가 정신을 차리고 이자벨에게 말했다.

"그만 가자. 더 있다가는 컴컴해져서 진짜 길을 잃을지도 몰라."

"아냐, 네가 길을 잘 알잖아. 조금만 더 살펴보자!"

"안 돼! 컴컴해지면 길이 안 보여."

이자벨은 조금 더 찾아보고 싶었지만, 라뇨의 말을 듣기로 했다. 라뇨의 발걸음이 빨라졌다. 이자벨도 덩달아 빠른 걸음으로 라뇨를 쫓았다. 산은 금세 어두워졌다. 어디까지 내려왔는지, 어디에 있는 건지 감이 오지 않았다.

이제 숲은 완전히 컴컴해져 버렸다. 이자벨을 이끌던 라뇨가 당황한 얼굴로 울먹이며 말했다.

"길을 못 찾겠어!"

라뇨가 울자 이자벨도 덜컥 무서워졌다. 둘은 그 자리에 서서 엉엉 소리 내어 울기 시작했다.

그때였다.

"이자벨, 이자벨!"

"라뇨, 라뇨야!"

멀리서 이자벨과 라뇨를 부르는 소리가 희미하게 들렸다. 둘은 울음을 멈추고 소리가 들리는 쪽으로 움직였다. 손전등 빛이 보였다. 이자벨과 라뇨는 엄마를 부르며 뛰어 내려갔다. 이자벨의 엄마와 라뇨의 아빠, 엄마가 이쪽으로 오고 있었다. 이자벨과 라뇨는 엄마를 보자 긴장이 풀렸고 이내 펑펑 울어 버렸다. 두 사람을 혼내는 사람은 아무도 없었다. 이자벨과 라뇨는 엄마의 손을 잡고 산에서 내려왔다. 두 사람은 이미 산 입구 가까이에 와 있었던 모양인지, 금세 길이 나타났다. 라뇨는 자전거를 찾아서 아빠 차 짐칸에 실었다. 이자벨과 라뇨는 집으로 가는 내내 아무 말도 하지 않았다. 이자벨은 차 안에서 엄마를 꼭 안았다. 엄마 품이 아늑하게 느껴졌다.

집에 도착하니까 언니가 와 있었다. 언니가 학생들을 가르치는 학교에서 짧은 방학을 가지게 되었다고 했다. 언니는 이자벨을 보자 잔소리를 했다.

"정말 산에 간 거였어?"

"응."

엄마는 말없이 이자벨의 저녁 식사를 챙겨 줬다. 긴장이 풀리자 이자벨은 평소보다 배가 더 고팠다. 허겁지겁 음식을 먹고 나서야 이자벨은 궁금해졌다.

"엄마, 제가 산에 간 걸 어떻게 알았어요?"

"네가 돌아오지 않아서 네 이름을 부르며 마을을 돌아다녔지. 그런데 라뇨 엄마와 아빠도 라뇨를 찾고 있더구나. 아무리 찾아도 없으니까, 라뇨 아빠가 며칠 전에 라뇨가 산고릴라와 허브에 대해 꼬치꼬치 물었던 것을 생각해 내곤 산으로 간 거야. 그런데 왜 너까지 산에 간 거니?"

이자벨은 혼이 날까 봐 말을 할 수가 없었다. 우물쭈물하면서 눈치만 보는 이자벨에게 언니가 말했다.

"산고릴라가 다니는 근처에 있는 허브가 비싸다는 이야기를 듣고 허브를 구해서 자전거 사려고 했지?"

이자벨은 말없이 고개만 끄덕였다. 언니는 그럴 줄 알았다는 표정을 지으며 말했다.

"네가 워낙 모험을 좋아하니까, 자전거를 사 주면 경사가 심한 곳만 찾아다닐까 봐 엄마가 사 주시지 않은 거야. 왕복 두 시간이나 걸리는 학교를 다니려면 너에게도 자전거가 필요한데 너무 위험해서 고민이 된다고, 엄마가 말씀한 적 있으셨거든."

이자벨은 엄마의 마음도 모르고 마냥 떼를 썼던 것이 죄송했다. 그 모습을 본 언니가 말했다.

"이자벨, 네가 중학교에 들어가면 언니가 자전거 사 줄게. 아직은 네가 어려서 정말 위험해."

"진짜야? 정말이야?"

이자벨은 조금 전까지 산에서 무서워 떨던 것도, 엄마에게 죄송한 마음도, 언제 그랬냐는 듯 잊고는 뛸 듯이 기뻐했다. 그런 이자벨을 보며 엄마가 말했다.

"하지만 조건이 있어. 지금부터 공부 열심히 해서 졸업 시험 준비하는 거야. 지금처럼 놀면 중학교도 못 가. 알았니?"

"네! 열심히 공부할게요."

엄마의 말에 1초도 고민 없이 대답하는 이자벨을 보고 언니가 말했다.

"아이고! 공부를 싫어하는 네가 책상 앞에 앉아 있을 수 있겠어?"

이자벨은 언니의 말에 민망한 듯 웃으며 말했다.

"아니야! 1등으로 졸업할 테니까 두고 보라고!"

엄마와 언니는 단호하게 아니라고 말하면서도 정곡을 찔렸다는 듯 멋쩍어하는 이자벨의 표정을 보며 웃음을 지었다.

수많은 언덕을 가진 나라

르완다는 적도 부근에 있는 나라이다. 수도는 키갈리이며, 국토 면적은 26,388제곱킬로미터로 한반도의 10분의 1이 조금 넘을 정도로 작다. 인구는 약 1250만 명이다. 사람들은 르완다를 수많은 언덕을 가진 나라라고 부른다. 화산으로 생겨난 크고 작은 언덕들이 많기 때문이다. 그래서 평균 고도가 1,500미터 이상일 정도로 높다.

르완다의 수수

르완다 국가 문장

르완다에서 수수는 국가 문장에 나올 정도로 중요한 작물이다. 하지만 르완다의 국가 문장을 보면 르완다의 수수가 한국의 수수와 생김새가 다름을 알 수 있다. 한국의 수수는 익으면 고개를 숙이는데, 르완다의 수수는 익어도 꼿꼿이 서 있다. 르완다 사람들은 수수를 찌거나 가루를 내서 끓여 먹는다. 농촌 어린이들은 수수를 비벼서 알곡을 날로 먹기도 한다.

들국화로 만드는 살충제

르완다에서는 들국화에서 추출한 용액에 화학 약품을 처리하여 살충제를 만든다. 이 때문에 살충제의 재료로 쓰이는 들국화는 르완다의 농가 소득을 올려 주는 주요 작물이기도 하다.

나무 자전거와 유칼립투스

르완다에서는 나무 자전거를 종종 볼 수 있다. 르완다 사람들은 자전거의 편리함과 효율성을 깨달았지만 가격이 너무 비싸서 대부분 선뜻 살 수가 없었다. 그래서 방법을 생각하다가 나무로 자전거를 만들었다. 모양은 일반 자전거와 비슷하다. 다만 일반 자전거는 앉아서 타지만, 나무 자전거는 체인이 없어서 킥보드처럼 서서 탄다.

나무 자전거는 주로 유칼립투스 나무로 만드는데, 그 이유가 무엇일까? 르완다는 평지가 거의 없고, 대부분 구릉지이기 때문에 사람들은 나무가 심긴 비탈진 곳을 개간해서 집도 짓고 밭도 일구었다. 그런데 나무가 줄어들면서 순식간에 숲이 사라지고, 흙이 고스란히 드러나면서 여러 가지 문제가 생겨났다. 그러자 사람들은 빨리 성장하는 유칼립투스를 심기 시작했다. 그 결과 현재 르완다에는 유칼립투스가 많아졌다.

르완다 사람들은 유칼립투스로 나무 자전거를 만들기도 하지만, 땔감으로도 사용하고 판자를 만들어서 필요한 곳에 사용하기도 한다.

구릉지를 이용한 계단식 밭

르완다에서는 계단식 밭을 흔히 볼 수 있다. 국토가 구릉지로 구성되어 있어서 농사지을 땅이 거의 없기 때문이다. 그래서 사람들은 구릉지를 개간하여 밭을 만들었다. 다행히 화산 토양이 잘 발달되어 있어서 땅이 비옥한 편이다. 르완다 사람들은 주로 감자, 카사바, 옥수수, 양배추 등을 재배한다.

함께하는 커피 산업

르완다 커피의 품질은 세계에서 알아준다. 정부가 커피 품질을 올리기 위한 정책을 펴기도 하지만, 재배 방식이 남다르다. 다른 나라에서는 선진국의 기술과 자본에 원주민의 값싼 노동력을 동원하여 대량으로 생산하는 플랜테이션 농업을 하지만, 르완다는 개인이 소량의 커피나무를 재배한다. 커피를 재배하는 개인들은 모여서 조합을 만들고, 마을 공동 가공 공장에서 함께 가공하여 판매도 한다. 그렇기 때문에 다른 곳에 비해 노력한 만큼 가져갈 수 있는 몫이 크다. 또한 수확한 커피 열매의 세정과 건조 등은 모두 자연 유기농으로 처리한다. 그래서 르완다 커피가 질이 좋고 인기를 얻고 있다.

르완다의 산고릴라

고릴라는 크게 해발 2,000미터 이상에서 사는 산고릴라와 낮은 지대의 숲에 사는 롤런드고릴라로 구분한다. 우리가 동물원에서 보는 고릴라는 대부분 롤런드고릴라이다. 오늘날 고릴라는 멸종 위기에 처해 있어서 보호가 시급한 상태이다. 그건 르완다에 사는 산고릴라도 마찬가지이다. 비록 르완다가 산고릴라를 관광에 이용해서 돈을 벌고 있지만, 보호하기 위한 노력도 열심히 하고 있다. 하나의 보기로, 르완다 북서부의 루헨게리에 있는 볼케이노 국립 공원은 미리 신청해서 방문하면 산고릴라를 직접 볼 수 있지만, 하루에 방문하는 사람의 수를 제한하고 있다. 산고릴라에게 스트레스를 덜 주기 위해서이다. 다행히 르완다 사람들의 노력 덕분에 지금은 산고릴라 수가 다시 늘어나고 있다고 한다.

르완다 사람들은 1년에 한 번 산고릴라의 이름을 짓는 행사를 열기도 해.

산고릴라의 혈통, 습성과 태도, 외모 등을 고려하여 새로 태어난 산고릴라에게 이름을 지어 주고 있지.

늉그웨 국립 공원

르완다의 남서쪽에 있는 늉그웨 국립 공원은 중앙아프리카와 동아프리카 지역에서 가장 큰 원시림으로, 면적이 1,000제곱킬로미터가 넘을 정도이다. 늉그웨 국립 공원에는 다양한 동식물이 생태계를 이루고 있다. 특히 영장류 동물들의 천국으로, 침팬지, 로에스트원숭이, 콜로부스 등 모두 13종의 영장류를 포함한 75종의 포유동물이 살고 있다. 또한 300종 이상의 새가 살고 있다.

키부호

키부호는 아프리카에서 가장 높은 곳에 위치한 호수이다. 이곳에서 사람들이 아프리카 전통 배를 타고, 삼바자라는 물고기를 잡는다. 키부호 근처에는 온천이 나오는데,

키부호 북쪽의 비룽가산맥에서 주기적으로 화산이 폭발하고 있기 때문이다. 키부호 안에는 섬도 많은데, 대부분 사람들이 살지 않는 무인도이다. 그중 나폴레옹 모자 모양의 나폴레옹섬이 유명하다. 이곳은 나무에 매달려 과일과 꽃을 먹으며 사는 과일박쥐의 서식지이다.

우무간다 데이

ⓒMasako Kato from wikimedia

우무간다 데이는 매월 마지막 주 토요일, 오전 여덟 시부터 열한 시까지, 18세 이상부터 65세까지의 르완다 사람들이 모여서 마을의 공동 작업을 하는 날이다. 작업이 끝나면 마을 이장이나 지역 지도자들이 주관하여 정부 정책이나 새로운 소식을 전한다. 때로는 마을 문제에 대해 토론도 하고 대책을 함께 찾기도 한다. 우리나라의 새마을 운동과 닮은 우무간다 데이는 오래전부터 있던 르완다의 전통 풍습이었는데, 이것을 국가에서 제도화했다.

르완다 초등학교의 졸업 시험

르완다에서는 6학년이 되면 국가 졸업 시험을 본다. 시험 과목은 영어, 과학 기술, 사회, 수학, 키냐르완다어이다. 100점 만점에 50점 이상이 되어야 중학교에 갈 수 있으며, 시험 문제도 키냐르완다어 과목을 제외하고는 모두 영어로 출제된다. 또한 객관식 문제가 없고 모두 서술형과 단답형으로 이루어져 있다.

남녀가 평등한 나라, 르완다

르완다는 남녀가 평등한 나라로 꼽힌다. 매해 세계 경제 포럼이라는 곳에서 성 평등 지수를 발표하는데, 2017년에 르완다는 4위였다. 의회에 소속된 여성 의원도 세계 최고 수준인 50퍼센트 이상이라고 한다. 르완다가 여성의 힘에 관심을 가지게 된 것은 오랜 내전 때문이다. 내전으로 남성들이 많이 희생되는 바람에 여성들의 인구가 상대적으로 많게 되었고, 르완다 정부에서는 여성들이 독립적인 경제 활동을 하지 못하면 가난을 면치 못할 것이라고 생각했다. 그래서 여성들이 손쉽게 돈을 벌 수 있도록 일거리를 만들어 주었다. 그 대표적인 예가 아가세케라는 바구니 공예품이다.

: 아가세케 :

아가세케는 사이잘삼 줄기 또는 바나나 나뭇잎 등을 이용하여 손으로 만들어. 다양한 용도로 사용되지만, 특히 결혼식에서 중요하게 쓰여. 음식을 아가세케에 담아서 가져가거든.

가나
힘차게 달리는 트로트로

"집을 짓고 싶다면 카카오, 트럭을 사고 싶어도 카카오!"

할아버지네 카카오 농장에 놀러 온 코피는 나무줄기에서 럭비공 모양의 노란 열매를 따며 신나게 노래했다. 그러자 코피 옆에서 카카오 열매를 따던 할아버지와 아빠도 함께 목청을 높였다.

"원하는 게 있다면 카카오를 키우면 되지요!"

할아버지와 아빠는 따 놓은 카카오 열매의 단단한 껍질을 칼로 쪼갠 뒤, 하얀색 과육에 싸여 있는 카카오 콩을 분리했다. 일일이 분리한 카카오 콩을 바나나 잎에 덮어 발효시킨 다음에 햇볕에 잘 말리면 초콜릿을 만들 수 있는 짙은 갈색의 카카오 콩이 된다.

열매를 따던 코피는 카카오 콩을 분리하는 아빠 곁으로 다가갔다. 그리고 아, 소리를 내며 입을 벌렸다. 아빠는 싱긋 웃으며 아몬드보다 약간 큰 카카오 콩 한 알을 쏙 넣어 주었다.

"음…… 시큼하고 달달한 맛이 작년보다 훨씬 좋군요. 최고 등급 드리겠습니다."

코피가 카카오 콩 감별사처럼 굴자, 아빠와 할아버지가 크게 웃었다. 그때 아빠의 휴대 전화가 울렸다. 아빠는 흥에 겨워 노래하는 코피에게 쉿, 하는 시늉을 했다.

잠시 뒤, 전화를 끊은 아빠가 심각한 표정으로 할아버지에게 다가갔다.

"애 엄마가 배가 아파서 병원에 갔다네요."

"출산하려면 아직 몇 주 남았잖아. 별일 아니어야 할 텐데……, 혹시 모르니 아크라로 돌아가 보아라."

"네, 상황 보고 연락드릴게요. 코피야, 집에 가자."

멍하니 서 있던 코피는 할아버지께 제대로 인사도 못 드리고 아빠 손에 이끌려 농장을 나왔다. 어제 할아버지 농장에 도착한 코피는 오늘 아침 일찍 농장 일을 돕고, 오후에는 마을 아이들과 축구를 하며 놀 계획이었다. 그런데 이렇게 그냥 돌아가려니 아쉬웠다.

"엄마가 많이 아프대요?"

"괜찮을 거야."

대답과 달리 아빠의 표정은 심각했다. 갑자기 무거운 돌덩어리가 날아와 가슴에 꽉 박힌 기분이었다. 어제 아침, 아빠와 코피를 배웅해 주던 엄마는 분명 건강한 모습이었다. 잘 다녀오라며 자신의 목에 걸고 있던 십자가 목걸이도 코피의 목에 걸어 주었다.

"말썽 피우지 말고, 조심해서 잘 다녀오렴."

다정하게 손을 흔들던

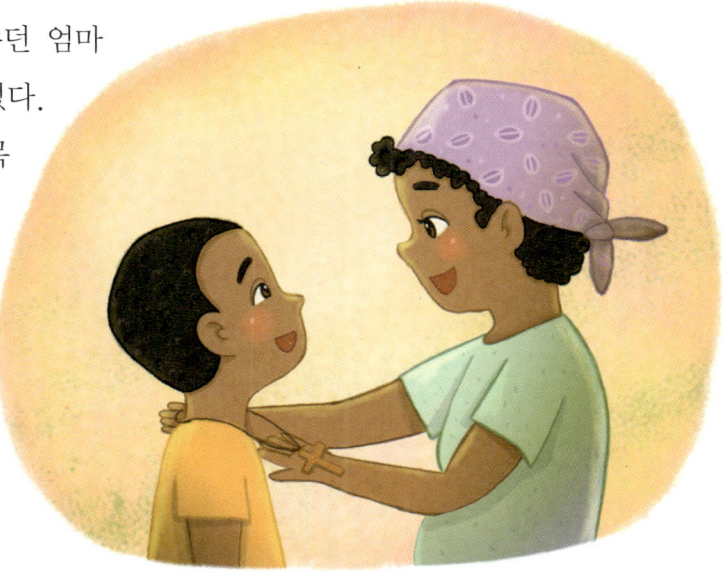

엄마의 모습이 눈앞에 아른거렸다.

코피는 농장 입구에 세워진 아빠의 트로트로에 올라탔다. 아빠는 재빨리 트로트로의 시동을 걸었다. 그런데 요란한 엔진 소리만 나고 시동이 걸리지 않았다.

"이놈의 고물 버스, 급할 때 꼭 말썽이야."

아빠의 트로트로는 한국에서 수입한 중고 미니버스였다. 이미 한국에서 10년, 다시 아빠가 10년 넘게 운전하다 보니 툭하면 고장이 났다.

"삼촌이 있었다면 금방 고쳤을 텐데……."

코피는 아쉬운 마음으로 중얼거렸다. 원래 아빠가 운전을 하면 삼촌은 승객을 모아 차비를 받는 역할을 했다. 고장 난 차도 삼촌 손만 거치면 금방 말짱해졌다. 그런데 하필 삼촌은 신혼여행 중이었다. 아마 황금 해안으로 유명한 케이프코스트를 거쳐 지금쯤은 거대한 볼타호를 둘러보고 있을 것이다.

삼촌이 없는 이 순간, 코피가 할 수 있는 일은 기도뿐이었다.

"트로트로야, 제발 좀. 제발."

코피는 엄마가 걸어 준 십자가 목걸이를 꼭 쥐고 주문을 외우듯 빌었다. 그 순간, 부르릉부르릉 소리가 나더니 시동이 걸렸다. 아빠는 안도의 한숨을 내쉬었다. 트로트로는 속력을 올리며 카카오 농장이 모여 있는 열대 우림을 빠져나왔다.

"아! 빅토리아 할머니도 아크라에 결혼식이 있다고 같이 가기로 했잖아요."

"안 그래도 연락드렸어. 버스 정류장 앞으로 나오실 거야."

빅토리아 할머니는 할아버지의 오랜 이웃이었다. 코피는 곧장 아크라로 향하고 싶었지만, 다리가 불편해 잘 걷지 못하는 할머니를 모른 척 두고 갈

수는 없었다.

　잠시 뒤, 아빠와 코피가 탄 트로트로가 버스 정류장에 도착했다. 그런데 빅토리아 할머니가 보이지 않았다. 코피는 버스에서 내려 주변을 두리번거렸다. 그때 정류장에 있어야 할 빅토리아 할머니 대신 카카오 과육처럼 새하얀 피부색의 외국인이 다가왔다.

　"이 버스는 어디로 가니?"

　"아크라요. 그런데 오늘은 급한 일이 있어서 손님 안 태워요."

　"사금 광산을 둘러보고 아크라로 돌아가려는데, 택시는 터무니없이 비싸더구나. 그래서 30분째 아크라행 버스만 기다리고 있었어. 어차피 가는 길이라면 좀 태워 줄 수 없을까?"

　예로부터 가나는 황금의 나라로 불릴 정도로 유명했다. 현재도 금은 가나의 대표적인 수출품으로, 금을 사기 위해 무역을 하는 외국인들이 많이 오갔다.

　코피는 태울까 말까 잠시 고민했다. 어차피 가는 길이니 기름값이라도 챙기는 게 좋겠다 싶었다. 다행히 아빠도 같은 생각이었다.

　"아크와바! 버스비는 10세디예요."

　코피는 가나 토속어인 트위어로 환영 인사를 한 뒤, 야무지게 차비를 챙겼다. 그러나 그때까지도 빅토리아 할머니는 나타나지 않았다. 코피는 조급한 마음에 발만 동동 굴렀다.

　그냥 출발해야 하나 생각하던 찰나, 빅토리아 할머니가 나타났다. 화려한 켄테 의상으로 한껏 멋을 부린 옷차림에, 품에는 발을 묶은 닭 한 마리를 안고 있었다. 가나에서 가축과 같이 버스를 타는 일은 흔한 일이었지만, 불편한 다리로 닭까지 안고 오느라 할머니의 걸음은 한없이 느렸다. 애가 탄 코피는 닭을 빼앗아 자신의 품에 안고 말했다.

"할머니, 이제 오시면 어떡해요. 빨리 아크라로 가야 한단 말이에요."

코피의 재촉에 할머니는 겨우 트로트로에 올라탔다.

드디어 트로트로가 완만한 산지와 구릉으로 이어진 길을 따라 달리기 시작했다. 이제부터는 아크라를 향해 달릴 일만 남았다.

"난 빅터라고 해. 꼬마야, 네 이름은 뭐니?"

금발에 푸른색 눈동자를 가진 외국인이 코피에게 물었다.

"꼬마 아니고 코피예요. 금요일에 태어났다는 뜻이죠. 아칸족은 아이가 태어난 요일에 따라 이름을 짓거든요."

"재미있는 이름이네. 그런데 에어컨 좀 틀어 줄래? 적도 근처에 위치한 나라답게 무척 덥구나."

빅터는 손수건으로 이마의 땀을 닦느라 정신이 없었다. 가나는 적도 바로 위에 위치해 있어서 1년 내내 무더웠다. 그런데 오래된 중고 버스인 아빠의 트로트로에는 에어컨이 없었다. 게다가 도로의 흙먼지 때문에 창문마저 꼭 닫은 채 달리고 있었다. 후끈 달아오른 공기 때문에 차 안 온도는 30도를 웃돌았다. 빅토리아 할머니가 데리고 탄 닭도 덥다는 듯이 자꾸 울어 댔다.

"안 되겠다. 흙먼지가 날려도 창문 좀 열자."

더는 못 견디겠다는 표정으로 빅터가 말하자 다들 창문을 열었다. 그때였다. 푸다닥 하는 소리와 함께 닭이 날뛰기 시작했다. 사방팔방으로 닭 털이 날렸다.

"아이고, 내 닭! 얼른 닭 좀 잡아 봐!"

빅토리아 할머니가 외치자 코피와 빅터가 닭을 잡기 위해 일어섰다. 그러나 녀석은 생각보다 훨씬 날쌨다. 다리가 묶인 채로도 요리조리 코피와 빅터의 손아귀를 잘도 빠져나가더니 기어코 창밖으로 탈출했다.

"아빠, 닭이 도망갔어요! 차 세워요."

운전에만 집중하던 아빠가 급히 트로트로를 세웠다. 도망친 닭은 묶인 다리로 통통 뛰다가, 날갯짓을 하다가를 반복하며 도로를 질주했다. 코피는 재빨리 뒤를 쫓아 순식간에 닭의 날개를 낚아챘다. 그 바람에 코피의 옷이 땀으로 흠뻑 젖었다.

가뜩이나 늦게 출발했는데 닭 소동까지 벌어지자 코피는 초조해졌다. 난데없이 벌어진 닭 소동 때문에 빅터는 지친 기색이었다.

"아크라까지 얼마나 더 가야 할까?"

"쉬지 않고 달리면 두 시간 정도 걸릴 거예요. 그런데 가나는 도로 사정이 별로 안 좋아서 더 걸릴 수도 있어요."

아니나 다를까, 코피의 대답이 끝나기 무섭게 비포장도로가 나타났다. 울퉁불퉁한 흙길이 한없이 이어졌다. 좌석은 위아래로 마구 흔들렸고, 다들 엉덩방아를 찧어 대기 바빴다.

빅터는 흔들리지 않으려고 팔걸이를 있는 힘껏 붙잡았다. 시간이 지날수록 빅터의 얼굴은 잘 익은 카카오 열매처럼 노랗게 변했다. 그 모습을 본 빅토리아 할머니가 쿡쿡 웃어 댔다. 그러나 코피는 웃음이 나오지 않았다. 그저 코피의 머릿속은 엄마 걱정으로 가득할 뿐이었다.

덜컹이며 달리던 트로트로가 드디어 잘 포장된 고속도로로 들어섰다. 그런데 얼마 가지 못해 아빠가 트로트로를 세웠다. 커다란 나무가 도로 위에 쓰러져서 길을 가로막고 있었다.

"이번 우기 때에 유난히 비바람이 심하더니, 그때 쓰러졌나 봐요. 다른 길로 돌아가야 해요?"

코피는 엄마에게 가는 길을 가로막고 있는 커다란 나무를 원망스럽게 바

라보며 물었다.

"시간은 더 걸리겠지만 다른 방법이 없구나."

아빠가 곤란한 표정을 지으며 말했다. 달리 표현을 하지 않았지만, 아빠의 속도 까맣게 타들어 가고 있을 게 뻔했다. 아빠는 할머니와 빅터에게 양해를 구한 뒤, 트로트로를 돌렸다.

또다시 울퉁불퉁한 흙길이 이어졌다. 얼마 지나지 않았을 때였다. 뭔가에 걸린 듯 차 뒤쪽이 크게 덜컹이더니 좌우로 마구 흔들렸다. 바로 앞에는 석유를 실은 정유 트럭이 달리고 있었다. 아빠가 중심을 잡기 위해 핸들을 꽉 붙들었지만 소용이 없었다. 자칫하면 바로 앞의 정유 트럭과 충돌할 듯 아슬아슬한 상황이었다.

"아빠, 조심해요!"

코피의 외침과 동시에 아빠가 브레이크를 밟으며 핸들을 황급히 꺾었다.

"으악!"

비명 소리가 차 안 가득 울려 퍼졌다.

"다들 괜찮아요?"

코피가 식은땀을 흘리며 물었다. 빅토리아 할머니와 빅터는 괜찮아 보였다. 다행히 트로트로는 정유 트럭과 부딪히기 직전에 멈춰 섰다. 정유 트럭은 뒤에서 어떤 일이 벌어지는지 모른 채 저만치 멀어졌다.

"정말 큰일 날 뻔했어. 정유 트럭에 부딪혔다면…… 어휴, 상상만 해도 끔찍하다."

빅터가 가슴을 쓸어내리며 말했다.

"그러게 말이에요. 아빠, 뒤쪽 바퀴에 펑크가 난 것 같은데요."

그런데 아빠가 이마를 잔뜩 찡그린 채 왼쪽 팔을 붙들고 있었다. 핸들을 꺾으며 급정거를 할 때, 몸이 왼쪽으로 쏠리면서 팔이 창문에 세게 부딪힌 모양이었다. 그러면서 창문 난간에 부딪혔는지 상처가 나 있었다. 빅토리아 할머니가 가방을 뒤적이더니 밴드를 꺼내 상처 부위에 붙여 주었다.

"아빠, 팔은 움직일 수 있어요?"

다행히 팔을 움직이는 데에는 문제가 없어 보였다.

아빠는 트로트로에서 내려 차 상태를 살폈다. 오른쪽 뒷바퀴에 구멍이 나서 바람이 빠져 있었다.

"후유, 더 늦어지겠구나."

코피가 혼잣말로 중얼거리는데, 가까이에서 웅성거리는 소리가 들렸다. 소리 나는 쪽을 바라보니 노점상들이 있었다. 정차한 트로트로를 발견한 상인들이 물과 음료수, 망고와 플랜틴 같은 열대 과일 등을 잔뜩 머리에 이고 다가왔다.

"바퀴 교체 좀 할게요. 잠시 쉬고 계세요."

"마침 출출했는데, 잘됐구나."

빅토리아 할머니가 조급해하지 말라는 듯이 말했다. 그러고는 화로에 구운 플랜틴을 샀다. 빅터도 시원한 코코넛 주스를 마시며 갈증을 달랬다. 그 사이에 아빠는 바퀴를 교체하기 시작했다.

"아빠, 엄마 괜찮은지 전화해 보면 안 돼요?"

"아빠 휴대 전화는 배터리가 다 돼서 꺼졌어. 혹시 어딘가에 휴대 전화를 충전할 만한 곳이 있는지 한번 찾아봐라."

코피는 꺼진 휴대 전화를 받아 달려 나갔다. 다행히 얼마 가지 않아서 휴대 전화 충전소를 발견할 수 있었다. 그런데 오래 충전할 시간이 없었다. 30퍼센트 정도 충전되자마자 코피는 얼른 엄마에게 전화를 걸었다. 그런데 계속 신

호만 가다 끊겼다. 다시 걸어 봤지만 아무도 받지 않았다.

'엄마에게 큰일이 생긴 건가? 아냐, 그럴 리 없어.'

코피의 머릿속에 불길한 생각이 스쳤지만 코피는 이내 고개를 저었다. 맥없이 트로트로로 돌아가는데, 야자수 그늘에서 쉬고 있던 빅토리아 할머니가 코피를 불러 세웠다.

"엄마는 괜찮을 거야. 이거 가져가서 아버지랑 같이 먹어라. 배가 든든해야 힘도 나고, 아크라까지 안전하게 가지."

빅토리아 할머니가 구운 플랜틴 두 개를 주며 코피를 다독였다.

코피는 순간 엄마가 플랜틴과 카사바를 찧어 만들어 주던 푸푸가 떠올랐다. 심장이 바늘로 콕콕 찌르는 것처럼 아파 왔다. 빨리 기운을 차리고 엄마에게 달려가야 했다. 코피는 빅토리아 할머니께 감사 인사를 드리고, 아빠와 구운 플랜틴을 먹었다. 배가 든든해지니 빅토리아 할머니 말씀대로 정말 기운이 났다.

배도 채웠겠다, 바퀴 교체도 했겠다, 이제 다시 아크라를 향해 달릴 일만 남았다.

"이제부터는 쉬지 말고 쭉 달려 보자."

아빠는 늦어진 시간만큼 속력을 높여 달리기 시작했다. 원래대로라면 정오에는 아크라에 도착했을 텐데, 벌써 한 시를 훌쩍 넘긴 시간이었다.

드넓은 초원과 평야가 쉼 없이 이어지더니 마침내 아크라가 보이기 시작했다. 가나의 수도인 아크라는 정치와 경제, 문화의 중심지였다. 정부 청사와 은행을 비롯해 각종 교육, 문화 시설이 모여 있었다. 그만큼 사람도 많고 복잡했다. 자동차, 트럭, 오토바이로 꽉 찬 도로는 교통 체증으로 꽉 막혀 있었다. 빵빵 경적을 울리고, 비켜 달라고 소리를 질러도 소용이 없었다.

'아, 조금만 더 가면 병원인데…….'

병원 앞까지 몇 분이면 도착할 거리가 몇 시간 동안 달려온 거리보다 더 멀어 보였다. 더는 답답해서 참을 수가 없었다. 코피는 병원까지 뛰어갈 작정으로 트로트로의 문을 열었다.

그때, 아빠의 휴대 전화가 울렸다. 아빠는 잔뜩 긴장한 얼굴로 전화를 받았다. 코피는 문을 닫고, 휴대 전화에 귀를 바짝 붙였다. 하지만 무슨 말을 하는지 전혀 들리지 않았다.

잠시 뒤, 아빠가 전화를 끊고 코피를 지긋이 바라보았다.

"엄마 전화였어. 다행히 몸은 괜찮대. 그런데……."

아빠가 갑자기 말을 멈추었다. 그러더니 우는 건지 웃는 건지 알쏭달쏭한 표정을 지었다. 코피는 엄마가 걸어 준 목걸이를 두 손으로 꼭 쥐었다.

"그런데요?"

"지금 분만하러 들어간대. 곧 네 동생을 만날 수 있을 것 같구나."

"정말요?"

코피가 아빠 품으로 와락 안기며 울음을 터뜨렸다. 빅토리아 할머니와 빅터도 들뜬 표정으로 축하해 주었다. 한바탕 시원하게 울고 나니 코피의 가슴을 누르고 있던 커다란 돌덩어리가 떨어져 나가는 기분이었다. 코피가 눈물을 쓱 닦으며 말했다.

"오늘 일요일 맞죠? 남자아이라면 콰시, 여자아이라면 아코스라고 이름 붙이면 되겠네요."

그제야 꽉 막혔던 도로가 뚫렸다. 그 길을 따라 아빠의 트로트로가 다시 힘차게 달리기 시작했다. 보고 싶은 엄마와 동생을 향해 코피의 마음도 함께 달렸다.

서아프리카의 저지대 국가

아프리카 서쪽에 위치한 가나는 대서양의 기니만에 맞닿아 있다. 국토 면적은 238,533제곱킬로미터로, 한반도의 약 1.1배 크기이다. 인구는 약 2900만 명 정도인데, 서아프리카에서는 인구 밀도가 높은 편이다.

남부 지역은 전형적인 열대 우림 지역이지만, 기니만에 면한 해안 평야는 비교적 습도가 낮아서 동쪽 끝을 제외하고는 식물이 무성한 습지대가 없다. 북쪽에서 남동쪽으로는 구릉과 산지가 길게 뻗어 있고, 그 동쪽으로 볼타강이 흐른다.

검은 별의 나라

가나 국기에는 빨간색, 노란색, 초록색 바탕에 검은 별이 그려져 있다. 빨간색은 가나의 독립에 애쓴 사람들이 흘린 피와 용기를, 노란색은 가나에서 가장 많이 나는 황금을, 초록색은 국토의 3분의 1을 차지하는 산림을, 검은 별은 아프리카의 자유 통일을 의미한다. 영국의 식민 지배를 받던 가나는 1957년에 독립했다. 사하라 이남의 아프리카 국가 가운데 가장 먼저 독립했다. 독립 당시 수상이었던 '콰메 은크루마'는

가나 제국의 이름을 본따서 국명을 가나로 정했는데, 1960년에 실시된 국민 투표를 통해 '가나 공화국'으로 국명이 바뀌었다.

가나 부족과 부족어

가나에는 약 75개의 부족이 있다. 그중에서 인구가 가장 많은 부족은 전체 인구의 약 45퍼센트를 차지하는 아칸족이다. 아칸족은 어머니 쪽의 혈통을 따른다. 어머니 집안의 사람들이 모여 마을을 이루고, 마을 우두머리인 추장들이 모여 장로 회의를 통해 부족을 다스린다. 다른 부족들도 각자의 문화와 생활 방식이 있는데, 대부분 가족 공동체의 결속력이 강해서 결혼식과 장례식 등의 가족 행사를 매우 중요하게 여긴다.

언어는 영어를 공용어로 사용하지만, 일곱 개의 부족어도 함께 사용한다. 그 가운데 대표적인 언어는 아칸족이 사용하는 트위어이다. 가나는 다양한 부족과 언어가 존재하지만, 종교의 경우 인구의 약 70퍼센트가 기독교를 믿는다. 나머지 30퍼센트만이 이슬람교와 토속 종교를 믿고 있다.

1년 내내 무더운 열대 기후

가나는 적도 바로 위에 위치해 있어서 전형적인 열대 기후이다. 평균 기온은 27도로, 건기와 우기가 나타난다. 비가 많이 쏟아지는 우기에는 강한 바람과 엄청난 폭우가 쏟아져 홍수가 자주 발생한다. 도로가 끊기거나, 건물이나 가옥이 무너져 피해를 보는 일도 많다. 나머지 기간은 건기로 비가 거의 내리지 않는다. 특히 12~2월에는 우리가 봄철 황사를 겪는 것처럼 사하라 사막에서 '하마탄'이라는 모래바람이 불어온다.

세계 제2의 카카오 생산국

가나에서 많이 생산되는 농작물로는 카카오, 커피, 기름야자 등이 있다. 이 가운데 초콜릿의 원료인 카카오는 가나의 효자 작물이다. 가나는 코트디부아르에 이어 세계에서 두 번째로 많은 양의 카카오를 생산하고 있다.

카카오나무는 열대 지방에서만 자라는데, 땅에 습기가 많고 햇볕이 들어오지 않는 그늘에서 재배해야 한다. 4년 정도 자라면 열매를 맺기 시작해 30년에서 많게는 100년까지 열매를 맺는다. 카카오 열매를 쪼개면 하얀색 과육 속에 둘러싸인 씨앗이 나오는데, 이를 카카오 콩이라고 한다. 가나의 카카오는 최고의 품질로 한국을 비롯해 미국, 유럽 등 전 세계로 수출되고 있다.

황금 해안과 검은 다이아몬드

가나는 석유, 다이아몬드, 철광석, 망간, 천연가스 등 천연자원이 풍부하다. 또한 아프리카 제2의 금 생산국이기도 하다. 가나는 서아프리카의 금 생산지로 과거부터 이름이 높았다. 황금이 많이 묻힌 기니만 해안가는 황금 해안(골드 코스트)이라고 불릴 정도였다. 이 때문에 유럽의 포르투갈, 덴마크, 네덜란드, 영국 등이 금을 차지하기 위해 호시탐탐 가나를 노렸다. 그러나 계속된 채굴로 금이 줄어들자 검은 다이아몬드를 수출하기 시작했다. 바로 흑인 노예이다. 황금 해안의 중심지였던 항구 도시, 케이프코스트에는 아프리카 노예들이 팔려가기 전에 머물던 수용소가 남아 있다. 캄캄한 어둠 속에서 배고픔과 질병에 시달리던 노예들은 바다를 건너 미국과 유럽 등지로 팔려 갔다. 그들 대부분은 두 번 다시 아프리카로 돌아오지 못했다.

세계 최대의 인공 호수

가나 한가운데에는 바다만큼 거대한 호수가 있다. 가나를 남북으로 가로지르는 내륙의 바다, 볼타호이다. 1965년, 볼타강에는 수력 발전으로 전력을 생산하는 아코솜보 댐이 생겼다. 그로 인해 강물은 댐에 가로막혀 호수로 변했고, 마을

은 점점이 박힌 섬이 됐다. 이 호수가 바로 세계 최대 인공 호수인 볼타호이다. 호수 면적은 약 8,500제곱킬로미터, 길이는 약 520킬로미터나 된다. 볼타호는 아크라 지역의 식수와 공업용수로 이용되고 있다. 주변의 아름다운 섬들과 함께 관광지로 인기가 높다.

시민의 발이 되어 주는 트로트로

ⒸCharlie from wikimedia

트로트로는 가나 전역에서 운행되는 미니버스로 보통 12~15인승 승합차를 말한다. 요금이 저렴해서 많은 가나 국민들이 트로트로를 이용하고 있다. 트로트로는 운전수와 승객을 모으고 차비를 받는 조수가 2인 1조로 움직인다. 트로트로 정류장은 대개 도시나 마을의 시장, 유명한 랜드마크에 위치한다. 반드시 승객을 가득 태워야 출발하고, 승객이 내려 달라고 하면 내려 주는 방식으로 운행된다. 염소나 닭 등의 가축도 태울 수 있다. 가나에는 포장이 안 된 도로가 많아서 트로트로가 달릴 때 차가 많이 흔들린다. 비가 많이 내리는 우기에는 도로 곳곳이 끊겨 있거나 패어 있어서 특히 조심해야 한다.

왕족이 입던 전통 의상, 켄테

화려한 색에 무늬가 다채로운 가나의 전통 의상은 켄테라는 직물로 만든다. 켄테는 가나에서 가장 강력했던 아샨티 왕국에서 처음 만들었다. 원래는 아샨티를 지배하던 아칸족의 왕족만 켄테를 입을 수 있었으며, 켄테의 생산과 관리도 직접 했다. 그런데 시간이 흐르고 켄테가 보편화되면서 오늘날에는 아프리카에서 가장 인기가 많은 의상이 됐다. 화려하고 기하학적인 켄테의 문양은 300여 가지에 달한다. 어떤 문양을 어떤 색상과 조합하느냐에 따라 만들 수 있는 켄테의 종류가 무한대로 늘어난다. 하늘 아래 같은 켄테는 없는 셈이다. 가나에서 켄테는 결혼식이나 졸업식 등 큰 행사 때 주로 입는다.

가나의 전통 음식, 푸푸

푸푸는 가나를 비롯한 아프리카의 여러 나라에서 먹는 전통 음식이다. 초록색 바나나처럼 생긴 열대 과일 플랜틴과 카사바 가루를 섞어서 익힌 뒤, 떡처럼 찧어 만든다. 푸푸는 요리에 곁들이거나 입맛에 맞는 소스에 찍어 먹는다.

푸푸

태어난 요일로 이름 짓기

아칸족은 재미있게도 태어난 요일에 따라 아기의 이름을 골라서 짓는다. 월요일에 태어난 남자아이는 콰줘(Kwadwo), 여자아이는 아주아(Adwoa), 화요일에 태어난 남자아이는 콰브나(Kwabena), 여자아이는 아브나(Abenaa)라고 부른다. 제7대 유엔 사무총장으로 유명한 '코피 아난(Kofi Annan)'의 '코피'는 금요일에 태어난 남자아이의 이름이다.

야호! 나도 이제 학교에 간다

"카트웨 호수에서 나오는 소금 중에는 약으로 사용하는 것도 있지. 바위에서 캐는 소금인데, 우리가 먹는 소금하고 비슷해. 그래서 잘 살펴봐야 하고, 모르면 물어보고 사야 해."

라이사는 할머니의 설명을 머릿속에 되새기며 소금을 사러 시장에 갔다. 시장은 볼거리가 많았다. 한쪽에는 파인애플이 있었다. 반으로 자른 파인애플 속살은 아주 노랬다. 옆을 지나가기만 해도 달콤한 냄새가 났다. 다른 한쪽에서는 탐스러운 망고가 고운 빛깔을 내고 있었다. 산처럼 쌓인 망고의 반질반질한 껍질이 햇빛에 반짝였다. 라이사는 시선을 돌려 시장 곳곳을 구경했다. 옷과 신발을 파는 곳부터 차파티*에 양배추, 당근, 토마토, 양파를 넣어 둘둘 말아 먹는 간식거리를 파는 곳까지 없는 게 없어 보였다. 고소한 냄새를 풍기는 차파티를 보자 라이사는 군침이 돌았지만, 사서 먹을 돈이 없었다. 그 앞에 서서 차파티 만드는 모습만 보다가 그냥 발길을 돌렸다.

소금을 사고 집으로 돌아가는 골목길에서 바나나 잎사귀로 만든 공을 차며 노는 아이들이 보였다. 라이사 친구들은 줄넘기를 하고 있었다. 두 사람

---

* 차파티: 카레 요리를 싸서 먹는 인도의 빵

이 양 끝에서 줄을 돌리면 다른 친구들이 그 사이로 뛰어들었다. 아이들이 깡충깡충 뛰자 붉은 황토 먼지가 주변에 퍼졌다. 그곳에는 라이사의 친구 베아트리체도 있었다. 라이사를 본 베아트리체가 손을 흔들며 외쳤다.

"라이사, 너도 빨리 와. 같이 놀자!"

"응. 기다려!"

라이사의 걸음이 빨라졌다. 라이사는 소금 심부름을 끝내고 줄넘기를 할 생각이었다. 품에 안은 소금 자루가 점점 미끄러져 내려갔다. 라이사는 소금 자루를 고쳐 안고서 다시 걸음을 재촉하기 시작했다.

"앗!"

그때, 라이사는 누군가와 부딪혀 엉덩방아를 찧으며 넘어졌다. 일어서며 보니, 빨간색 티셔츠에 파란색 바지를 입은 남자아이였다. 바로 동생 무니였다.

"무니, 너 지금 학교에서 공부할 시간 아니야?"

무니가 손으로 바지를 툭툭 털며 일어섰다. 울타리 안에 자라고 있는 잭푸르트 나무에서 뛰어내리다가 그 밑을 지나는 라이사를 보지 못하고 부딪친 거였다. 땅에는 무니가 라이사와 부딪치며 떨어뜨린 잭푸르트가 쪼개져 노란색 속을 훤히 보인 채 뒹굴고 있었다. 다행히 라이사의 소금 자루는 터지지 않았다.

"휴, 다행이다! 그런데 무니, 왜 남의 집에 열려 있는 잭푸르트를 딴 거야?"

무니는 대답을 할 생각이 없는 듯, 딴청을 피웠다. 라이사는 화가 났다.

"너무해! 누나는 학교에 가고 싶어도 못 가는데. 너는 학교에 가도 땡땡이나 치고. 아무래도 오늘 일은 아빠에게 말해야겠어."

아빠라는 말에 무니의 눈이 동그래지더니 그제야 입을 열었다.

"친구들하고 내기했는데 졌어. 진 사람은 이긴 사람이 시킨 일을 해야 하는데, 그게 잭푸르트 따 오기였어. 누나, 부탁이야. 아빠한테 제발 말하지 마. 대신 내가 글자를 가르쳐 줄게."

무니의 제안에 라이사는 고민할 이유가 없었다. 라이사는 예전부터 글이 무척 배우고 싶었고, 학교에도 다니고 싶었기 때문이다. 약속을 하고 무니와 헤어진 라이사는 바나나 숲 사이에 난 좁은 흙길을 지나 왼쪽 갈림길로 들어섰다. 진흙으로 단단하게 지어 양철 지붕을 얹은 라이사네 집이 보였다. 라이사는 발걸음을 재촉했다. 집에 도착한 라이사는 할머니를 찾았다. 할머니는 마당 한구석에서 닭에게 모이를 주고 있었다.

"할머니, 다녀왔어요."

"소금 잘 보고 사 왔니?

할머니의 질문에 라이사는 고개를 끄덕이며 얼른 소금을 건넸다. 다시 집을 나서려는데, 몸이 불편한 할머니가 홀로 일을 하는 모습이 눈에 들어왔다. 그 모습을 보니 차마 친구들에게 갈 수가 없었다. 결국 할머니 옆에서 일을 거들었다. 라피아 줄기로 바구니를 짜는 할머니 옆에서 심부름도 하고, 마당에 있는 잡초도 뽑았다. 그래도 라이사는 기분이 좋았다. 오늘은 비록 친구들과 놀지 못했지만, 곧 글을 배운다고 생각하니 콧노래가 저절로 나왔다.

그날 밤, 저녁을 먹고 난 뒤 라이사는 무니의 책을 꺼내 들고 무니에게 다가가 책을 내밀었다. 그런 라이사를 가만히 보던 무니가 말했다.

"누나가 공부하면 밥은 누가 해? 빨래는 누가 하고? 할머니가 그러셨잖아. 누나는 나중에 공부하라고."

"네가 글자 가르쳐 준다고 했잖아!"

"아까는 급한 마음에서 한 말이었지. 이제라도 아빠한테 말하고 싶으면 말해!"

무니는 귀찮은 듯 라이사가 가져온 책을 저만치 밀고는 이불 속으로 들어가 버렸다. 라이사는 대꾸할 수 없었다. 엄마가 돌아가신 것이 원망스러웠다.

'엄마가 계셨으면 내가 집안일을 하지 않아도 됐을 텐데.'

라이사는 속이 상했다. 한편으로는 오기도 생겼다. 그래서 기필코 글 읽는 법을 알아내고 말겠다는 생각으로 책을 펼쳤다. 글자를 하나하나 눈에 담으며 기억하기 위해 애썼다. 하지만 쏟아지는 잠을 막을 수는 없었다. 입술을 깨물면서 버텨 보았지만, 결국 스르르 잠이 들고 말았다.

다음 날, 라이사는 무니가 다니는 학교로 갔다. 평소에는 나무 그늘에 앉아 선생님의 목소리에 귀를 기울였지만, 오늘은 용기를 내어 조금 더 다가갔다. 라이사는 고개를 숙인 채 앉은걸음으로 교실 창문 아래까지 갔다. 벽에 몸을 꼭 붙이고 귀를 기울이니 칠판에 글 쓰는 소리가 들렸다. 동시에 아이들이 글을 읽는 소리도 들렸다. 라이사는 속으로 '낡은 책이라도 좋으니 단어 하나하나가 분명히 기억될 때까지 읽어 보고 싶다.'라고 생각했다. 무슨 뜻인지는 전혀 알 수 없었지만, 라이사는 진지하게 수업을 들었다.

그때였다. '끽끽' 하는 소리가 들리더니 개코원숭이가 라이사의 머리를 밟고 창문을 넘어 교실 안으로 들어갔다. 순간 라이사는 중심을 잃고 뒤로 벌러덩 넘어졌다. 교실 안은 갑자기 나타난 개코원숭이 때문에 소란스러워졌다. 아이들은 자리에서 일어나 개코원숭이에게 손을 뻗쳤다. 하지만 개코원숭이는 재빠르게 다시 창문으로 뛰어올라 앉더니 고개를 돌려 교실을 쳐다봤다. 아이들이 창문으로 우르르 몰려왔다. 개코원숭이는 잠시 아이들을 쳐다보더니 숲으로 사라져 버렸다.

"잡을 수 있었는데……."

누군가 실망하며 말했다. 라이사는 아이들이 창문 근처에 몰리자 자신의 모습이 들킬까 봐 심장이 두근거렸다. 벽에 몸을 더욱 바짝 붙였다. 하지만 라이사의 그런 모습을 누군가가 발견하고 소리를 질렀다.

"무니, 네 누나 여기 있어! 우리가 하는 수업을 알아듣지도 못하면서 듣고 있었나 봐."

킥킥거리며 비웃는 반 친구의 말에 무니가 창밖으로 고개를 내밀었다. 라이사를 본 무니는 얼굴이 굳어지더니 자기 자리로 가 버렸다.

라이사는 얼굴이 빨개졌다. 꼭 나쁜 일을 하다가 들킨 것처럼 몸 둘 바를 몰랐다. 라이사는 그 자리에서 일어나 무작정 뛰었다. 학교에서 벗어나자 파인애플 농장이 보였다. 땅이 아닌 하늘을 향해 자라는 파인애플을 보니까 부러웠다. 쭉쭉 뻗은 모습이 당당해 보였기 때문이다. 라이사는 속이 상했다.

'수업 조금 들은 거 가지고, 치사하게.'

오후가 되자 무니가 집으로 왔다. 무니는 화가 난 얼굴로 라이사에게 다가와 말했다.

"학교에 왜 왔어? 창피하게."

"왜 창피해?"

"수업을 훔쳐 듣는 거잖아. 도둑고양이같이."

라이사는 눈물을 터뜨렸다. 우는 라이사를 보면서 할머니가 말했다.

"그러게, 왜 무니 학교에 가서는……."

"불공평해! 집안일 때문에 나는 학교에 갈 수 없다는 게 말이 돼? 오빠도 대학교에 다니고, 무니도 학교에 다니는데, 왜 나만 가지 못하는 거예요?"

울먹이며 외치는 라이사에게 할머니는 어쩔 수 없다는 듯 말했다.

"원래 그런 거란다. 우간다 여자들은 늘 그렇게 살았어."

무니는 라이사가 서럽게 울면서 소리치는 모습을 보고 당황한 듯 보였다.

"라이사, 여기야!"

멀리서 베아트리체가 손을 흔들었다. 라이사도 손을 흔들었다. 그러고는 양동이를 들고 베아트리체 곁으로 향했다. 하늘에 떠 있는 태양이 빅토리아 호수에 뜨거운 햇빛을 쏟아붓고 있었다. 햇빛을 머금은 호수에 물결이 일었다. 바람이 불자 물결이 조금 더 크게 일렁였다. 호수 가장자리에는 조개껍데기가 나뒹굴고 있었다. 라이사는 호수 옆으로 시선을 돌렸다. 야트막한 언덕에 초록색 풀이 무성하게 자라고 있었다.

"조개껍데기를 어디에다 쓰길래 돈을 주고 사는 사람이 있는 거야?"

라이사의 물음에 베아트리체가 대답했다.

"액자를 만드는 데에 쓴대. 글자를 새기거나 액자의 테두리를 장식할 때 쓴다고 들었어."

라이사는 고개를 끄덕이며 베아트리체와 함께 조개껍데기를 주웠다. 아빠가 학교에 보내 주지 않으니까, 스스로라도 학비를 마련해 볼 생각으로 조개껍데기를 주우러 나선 것이었다.

한두 시간이 지나자 조개껍데기가 양동이에 거의 다 채워졌다. 라이사는 베아트리체와 함께 조개껍데기를 팔 만한 장소를 찾기 위해 호숫가를 따라 걸었다. 걷는 길에 외국인 여행객들이 드문드문 보였다. 모두 빅토리아 호수의 풍경에 감탄하며 사진을 찍고 있었다. 누군가 말했다.

"정말 바다 같아. 끝이 안 보일 만큼 크네!"

라이사는 바다 같다는 말에 귀가 쫑긋해져서 베아트리체에게 물었다.

"바다가 빅토리아 호수보다 훨씬 클까?"

"응. 예전에 학교 다니는 친구에게 들었는데, 빅토리아 호수는 바다에 비하면 아주 작대. 하지만 아프리카에서 가장 큰 호수라고 했어."

둘은 조개껍데기가 가득 든 양동이를 들고 낑낑대며 다시 호숫가를 걸었다. 한참을 걷다가 라이사가 베아트리체에게 말했다.

"쉬었다 가자."

둘은 양동이를 내려놓고 큰 나무가 있는 그늘에 앉아서 잠시 쉬었다. 빅토리아 호수의 물결은 여전히 출렁이고 있었다. 호숫가의 풀과 나무들도 바람에 흔들거렸다. 햇빛을 받아서인지 호수가 더 빛나 보였다. 새들이 지저귀는 소리가 들렸다. 높다란 나무에 새들이 앉아 있었다.

둘은 그늘에 앉아 빅토리아 호수를 바라보며 이런저런 이야기를 나눴다. 하지만 라이사는 대화를 나누는 도중에도 한숨이 저절로 나왔다.

'조개껍데기로 학교 다닐 수 있는 돈을 언제 다 도으지?'

베아트리체가 한숨을 쉬는 라이사를 흘깃 보더니 물었다.

"무슨 걱정이라도 있어?"

"돈이 언제 모이나 생각하니까, 벌써 걱정이 돼서."

"라이사, 아무래도 수상해. 원래 돈 모으는 일에 관심 없었잖아. 그런데 갑자기 돈을 모으겠다니 이상해. 왜 그런지 솔직하게 말해 주면 안 돼?"

라이사도 더 이상 혼자서만 끙끙 앓고 싶지 않았다. 스스로 돈을 모아 학교에 가겠다는 생각이 커져서 누구에게라도 자신의 마음을 이야기하고 싶었다.

"학교에 가려고. 너는 학교에 다니고 싶지 않니?"

베아트리체는 그럴 줄 알았다는 듯 미소를 지으며 말했다.

"역시 학교에 가려고 하는구나? 너는 늘 글자를 알고 싶어 했잖아. 네가 학교 근처에서 교실을 바라보는 모습을 여러 번 봤어. 나는 공부가 싫어서

학교 근처에도 가기 싫은데, 너는 그렇지 않은 것 같아."

"응. 그래서 돈이 많이 필요해. 혹시 다른 방법은 없을까?"

"내가 예전에 외국 자선 단체에서 염소를 공짜로 준다는 이야기를 들은 것 같아."

"와! 염소를 키워서 우유를 내다 팔면 돈을 꽤나 받겠는걸! 게다가 새끼라도 낳으면……."

라이사는 생각만으로도 흥분이 됐다.

"그런데 그 자선 단체 있는 곳이 퀸엘리자베스 국립 공원 근처래. 우리가 사는 진자에서는 너무 멀어서 걸어갈 수가 없잖아. 그래서 버스를 타거나 마타투*를 여러 번 갈아타고 가야 해. 염소를 바로 받을 수 있는 것도 아니라서 여러 번 왔다 갔다 해야 한다고 들었어. 그나저나 퀸엘리자베스 국립 공원에 가 보고 싶다. 거기에는 우리가 모르는 새도 많다던데."

라이사는 실망했다. 하지만 일단 퀸엘리자베스 국립 공원 근처에 있다는 자선 단체에 한 번이라도 가 보고 싶었다. 베아트리체의 이야기에는 아랑곳하지 않고 라이사가 다시 물었다.

"베아트리체, 자선 단체에 대해 더 자세히 알 수 없을까?"

"글쎄."

베아트리체와 헤어져 집에 돌아오자 할머니가 평소보다 이른 저녁을 준비하고 있었다. 할머니는 냄비에 바나나 잎을 깔고 요리용 바나나인 마토케를 넣은 뒤 바나나 잎으로 덮었다. 라이사가 옆에서 가만히 서 있자 할머니가 말했다.

---

* 마타투: 합승하여 타는 미니버스

"그렇게 가만히 있지 말고 절구에 땅콩이라도 좀 빻아라."

"할머니, 저녁 준비가 빠른 것 같아요."

"마토부가 오늘 온다는구나."

"오빠가요?"

라이사는 신이 났다. 오빠는 올해 캄팔라에 있는 마케레레 대학교에 입학했다. 이제 방학이 되어 고향으로 돌아오는 모양이었다. 라이사는 할머니의 음식 준비를 열심히 도왔다. 할머니는 다 빻은 땅콩 가루를 채에 여러 번 거르더니 양파와 토마토를 넣고 한소끔 끓였다. 시장에서 사 온 소금을 넣는 것도 잊지 않았다. 소스가 졸아들면 옅은 보라색의 고소한 소스가 된다. 라이사는 생각만으로도 군침이 돌았다. 카사바도 가루로 만들어 쪘다. 음식 장만이 거의 다 될 무렵, 오빠가 대문으로 들어섰다.

"오빠!"

라이사는 오빠에게 달려가 안겼다. 마침 아빠와 무니도 집으로 돌아왔다. 라이사는 할머니를 도와 밥상 위에 준비한 음식을 차렸다.

"오빠, 이거 네 시간이나 준비했어."

"와! 집에서 먹는 음식이 그리웠는데……."

할머니와 아빠는 그런 오빠를 흐뭇하게 바라보았다. 아빠가 무니를 보면서 말했다.

"너도 형처럼 열심히 공부해서 대학에 가야지."

"무니는 대학에 가기 어려울걸요. 수업 땡땡이나 치고."

지난번 수업 시간에 빠져나와 잭푸르트 열매를 몰래 따던 무니와 부딪힌 일이 생각나 라이사는 고자질하듯 말했다. 라이사의 말에 무니는 고개를 돌려 버렸다.

저녁 식사가 끝난 뒤, 가족 모두 모여 앉아서 오빠의 대학 생활에 대해 물었다. 오빠는 학교에서 무엇을 배우는지 설명해 줬다. 캄팔라에는 자동차와 오토바이가 많이 다녀서 교통지옥이라는 이야기도 해 줬다. 대학교를 다니는 여자들도 많아졌다고 말했다.

"세상이 이상해졌어. 여자들이 공부해서 뭘 하려고. 쯧쯧."

아빠의 말에 오빠가 자신의 생각을 말했다.

"아니에요. 이제는 여성들도 공부해야 해요. 그래야 우간다가 더 부유해질 수 있거든요."

"나는 모르겠다. 쓸데없는 짓 같아."

아빠는 못마땅해하면서도 더는 이야기하지 않았다. 라이사는 두 사람의 대화를 들으면서 오빠가 자기의 마음을 알아줄 것이라고 확신했다. 밤이 늦어지자 모두 잠자리로 들어갔다. 라이사는 오빠 곁으로 가서 조용한 목소리로 물었다.

"오빠, 혹시 염소를 나눠 주는 외국 자선 단체에 대해 알아?"

"헤이퍼 인터내셔널을 말하는가 보구나. 거기에서는 염소뿐만 아니라 소와 닭도 주고 있어. 여기에도 사무실이 있던데. 집으로 오는 길에 봤어. 그런데 그건 왜 물어?"

라이사는 그간의 이야기를 오빠에게 했다. 돈을 모아 스스로 학교에 가겠다는 결심도 말했다. 오빠는 진지하게 라이사의 이야기를 듣더니 안쓰러워하며 말했다.

"라이사, 마음고생이 많았구나. 오빠는 네 마음도 모르고, 혼자만 공부해서 미안해. 대신 오빠가 이제부터 글을 가르쳐 줄게. 그런데 헤이퍼 인터내셔널에서 우리에게는 염소를 주지 않을지도 몰라. 정말 어려운 사람들에게

만 주거든. 우리는 그 정도는 아니니까. 하지만 오빠가 너를 도울 방법이 있을 것 같아."

"정말? 오빠가 있어서 다행이야."

며칠 뒤, 오빠가 학교에 다니면서 아르바이트를 해서 번 돈으로 염소를 샀다. 이제 염소를 데려오는 날을 앞두고 있었다.

오빠와 라이사는 집 밖 숲길과 연결된 담벼락에 나뭇가지를 모았다. 그리고 바나나 줄기로 가지를 엮어 염소 우리를 만들었다. 염소를 키우는 이유를 알면 아빠가 화를 내실 것 같아서 염소 우리가 아빠의 눈에 띄지 않도록 했다. 땀을 뻘뻘 흘리며 염소 우리를 만들고 있는데, 무니가 슬며시 다가왔다. 그러고는 아무 말 없이 우리 만드는 걸 돕기 시작했다. 라이사는 놀란 눈으로 무니를 쳐다봤다.

"지난번에 학교에 와서 창피하다고 한 거 미안해. 그때 누나가 울면서 이야기하는 것을 듣고 잘못했다고 생각했어."

무니의 사과에 라이사는 웃으며 말했다.

"괜찮아. 이거나 도와줘."

드디어 염소 우리가 완성됐다. 하지만 여전히 할 일이 남아 있었다. 셋은 염소 우리 근처에 풀과 콩을 심었다. 해가 질 무렵이 되어서야 작업이 모두 끝났다. 라이사가 외쳤다.

"이제 끝."

"그래, 끝이야. 염소를 잘 키워 보자."

라이사는 머지않아 자기도 학교에 다닐 수 있다고 생각하니 설렜다. 오빠에게도 무척 고마웠다.

염소가 우리로 들어오는 날, 오빠와 무니도 함께 있었다. 라이사는 벅찬 마음으로 말했다.

"마투마니라고 이름을 지었어."

라이사의 말에 무니가 말했다.

"내가 이름표 목걸이를 만들어 줄게."

"고마워, 무니."

염소를 보며 오빠가 말했다.

"잘 어울리는 이름이네. 근데 배가 좀 볼록해 보이지 않니?"

"정말이네? 새끼를 가진 것 같아!"

"새끼까지 키우려면 힘들겠는걸."

"건강하게 잘 키울 수 있어."

3주 뒤, 마투마니는 새끼 두 마리를 낳았다. 라이사는 꼬물거리는 새끼들의 모습이 신기했다. 가만히 바라보다가, 새끼를 낳은 마투마니를 위해 물과 잘 말린 풀을 듬뿍 가져다줬다. 라이사의 보살핌어 마투마니도 금방 건강을 회복했고, 새끼들도 잘 자랐다. 우유도 많아졌다. 라이사는 그 우유를 시장에 가지고 가서 팔았다. 또, 오빠가 저녁마다 글을 가르쳐 준 덕분에 이제 더 듬거리기는 하지만 책 한 권을 읽을 정도가 됐다. 낮에도 나무 그늘에 앉아 책을 반복해서 소리 내어 읽었다. 라이사는 책을 보는 것만으로도 행복했다.

그런데 며칠 뒤, 염소 우리로 간 라이사는 깜짝 놀랐다. 마투마니가 보이지 않았기 때문이다. 오전에 풀을 챙겨 주고 우리를 잘 닫지 않았는지, 우리 문이 비스듬히 열려 있었다. 라이사는 당황하여 우리 옆에 있는 숲을 뒤졌지만 마투마니는 보이지 않았다. 아침에 나갔던 오빠와 학교에서 집으로 돌아오던 무니는 동네 어귀에서 라이사가 "마투마니, 마투마니!" 하고 외치는 소리를 듣고 함께 마투마니를 찾았다.

"혹시 마투마니라는 이름표 목걸이를 한 염소 못 봤나요?"

지나가는 사람들에게 물었지만, 모두 고개를 저었다. 날은 점점 어두워졌다. 라이사는 마투마니를 산책시켜 줬던 빅토리아 호수로도 가 보았다. 혹시 마투마니를 찾는 소리가 들리지 않을까 봐 라이사는 더 크게 이름을 불렀다. 하지만 마투마니는 보이지 않았다. 그러는 사이, 밖은 컴컴해졌다.

라이사는 오빠와 무니와 함께 집으로 돌아갔다. 담장을 지나 집으로 들어서는 순간, 염소 울음소리가 들렸다. 소리를 듣고 놀란 라이사가 뛰었다. 오빠와 무니도 뛰었다. 헉헉거리며 달려온 세 남매를 보며 할머니가 말했다.

"낮에 이 염소가 들어오더니, 마당에 누워서 낮잠을 자더구나."

라이사는 마투마니를 껴안고 울며 말했다.

"집 밖에서 키워서 집 안으로 들어올 거라고 생각하지 못했어. 여기에 있어서 다행이야."

하지만 라이사의 기쁨도 잠시, 바로 옆에 있는 아빠가 눈에 들어왔다. 아빠에게 혼날 것 같다는 생각에 라이사는 어깨를 움츠리며 눈치만 봤다. 그래도 눈물은 멈추지 않았다. 아빠는 가만히 라이사를 바라보고는 입을 열었다.

"라이사, 네가 원하는 대로 학교에 보내 주마. 네가 책을 읽는 모습을 봤다. 얼마나 열심히 읽던지, 내가 옆으로 지나가도 모르더구나. 그 모습을 보니 널 학교에 보내야 하나 고민이 되더구나. 하지만 아직 우간다에서는 여자아이들을 학교에 보내지 않는 집이 많아서 주저했단다. '굳이 여자아이에게 공부를 시킬 필요가 있을까?'라는 생각을 했지. 그런데 네가 책을 좋아하는 모습을 보니까 보내 주는 게 좋겠더구나. 염소를 키워서라도 학교에 가려고 했던 것도 이미 알고 있었단다. 아무리 숨기려고 해도 어떻게 그걸 몰랐겠니?"

라이사는 아빠의 말에 믿을 수 없다는 표정을 지으며 "진짜요?" 하고 여러 번 물었다.

아빠가 라이사를 안아 주며 말했다.

"이제까지 집안일을 하느라 힘들었지? 네가 학교에 가고 싶어 하는 것을 알면서도 모른 척해서 미안하구나."

아빠의 품속에서 라이사는 학교에 있을 자신의 모습을 상상하며 입을 벌리고 웃었다. 그 모습을 보던 무니가 말했다.

"누나, 울다가 웃으면 어디에 털이 난다던데?"

무니의 놀림에 할머니도, 아빠도, 오빠도 모두 소리 내어 크게 웃었다.

아프리카의 오아시스

우간다의 면적은 241,038제곱킬로미터로, 한반도보다 약간 더 큰 정도이다. 인구는 약 4400만 명이다. 수도는 캄팔라이고, 공식 언어는 영어이다. 우간다는 적도 가까이에 있지만, 평균 고도가 1,000~1,200미터로 높아서 날씨가 선선하며 기온의 연교차가 거의 없다. 우간다는 영국 식민지 시절, 윈스터 처칠이 '아프리카의 진주'라고 불렀다. 온화한 기후, 무엇이든 땅에 뿌리기만 하면 잘 자라는

양질의 토양, 풍부한 열대 과일, 환상적인 야생 동물이 생활하는 곳이기 때문이다. 그만큼 아름다운 자연을 가진 나라이다. 우간다를 아프리카의 오아시스라고 하기도 하는데, 우간다 국토의 4분의 1을 차지할 정도로 호수가 많기 때문이다.

나일강의 원천, 빅토리아호

빅토리아호는 우간다, 케냐, 탄자니아에 걸쳐 있다. 면적은 약 7만 제곱킬로미터에 달한다. 아프리카에서는 가장 큰 호수로, 크고 작은 섬도 많다. 빅토리아호는 큰 규모로도 유명하지만, 나일강의 두 지류 중 하나인 백나

일강이 시작되는 곳이기도 해서 사람들이 많이 찾는다. 빅토리아호에서 시작된 물줄기는 여러 호수를 지나고 수단을 거치며 또 다른 지류인 청나일강과 합쳐져 이집트의 나일강으로 흘러 들어간다.

그런데 최근 나일강의 원천인 빅토리아호가 오염으로 몸살을 앓고 있다. 그래서 자연을 파괴하지 않으면서 오염 문제를 해결하기 위한 연구가 진행되고 있다. 그중 하나가 천연 필터 기능으로 물을 정화하는 파피루스와 같은 수중 식물을 심는 것이다.

머치슨 폭포 국립 공원

머치슨 폭포 국립 공원은 우간다에서 가장 큰 국립 공원으로, 크기가 제주도의 약 두 배 정도이다. 머치슨 폭포 국립 공원은 76종 이상의 포유동물과 450여 종의 새들이 살아가는 야생의 천국이다. 빅토리아호에서 시작된 백나일강의 물이 머치슨 폭포를 타고 내려와 또다시 강을 이루는데, 머치슨 폭포와 이어지는 이 강을 빅토리아 나일 강이라고 부른다.

피그미족이 사는 부뇨니호

우간다의 화폐에도 사진이 들어가 있을 정도로 부뇨니호에 대한 우간다 사람들의 마음은 각별하다. 부뇨니호는 물이 아주 깨끗하기로도 유명하다. 1급수에서만 산다는 민물 가재도 있다. 주변에 사는 주민들은 우리나라의 통발과 비슷한 도구를 가지고 가재를 잡기도 한다. 부뇨니호 안에는 29개의 작은 섬들이 있는데 사람들이 사는 섬도 있다. 그래서 호수에서는 카누가 주요 교통수단이다. 작은 섬에 사는 아이들은 매일 카누를 타고 옆의 섬으로 등하교를 하고, 주민들도 옆의 섬에 장이 열리면 카누를 타고 장을 보러 다닌다. 부뇨니호가 특별한 이유는 이 안의 섬 중에 아프리카 대륙에 처음 정착한 인류인 피그미족이 살기 때문이다. 평균 신장이 150미터 이하인 피그미족은 동아프리카 밀림에서 더는 사냥을 하지 못하자 밀림에서 나와 호수에 정착했다고 한다.

소금을 만드는 카트웨호

카트웨호는 우간다에서 유일하게 소금을 생산하는 소금 호수이다. 멀리서 보면 색깔이 다양한 물웅덩이로 보이는데, 이는 진흙과 다양한 성분 때문에 물 색깔이 영향을 받은 것이다. 이 호수의 물을 가둬 놓으면 태양열에 의해 소금 결정이 만들어진다. 카트웨호 주변은 땅 자체가 짜기 때문에 농사를 지을 수가 없다. 그래서 주민들은 대부분 염전을 통해 소금을 만들어 판다. 카트웨호에는 소금 바위도 있다. 보통 카트웨호에서 만들어진 소금은 음식을 만들 때 사용하지만, 소금 바위에서 생산한 소금은 약용으로 사용한다.

홍학의 천국

카트웨호는 홍학의 천국이다. 카트웨호와 같은 소금 호수는 소금 농도가 높아서 대개의 동물들은 살지 못한다. 하지만 홍학은 오히려 카트웨호보다 소금물 농도가 더 높아도 잘 살아갈 수 있을 정도로 소금에 피해를 입지 않는다. 케냐에 사는 홍학은 건기가 되어 먹을 것이 부족해지면 먼 거리를 날아서 우간다의 카트웨호로 온다. 이곳에는 경쟁자가 없어서 플랑크톤이나 남조류 등의 먹이가 모두 홍학 차지이기 때문이다. 다른 동물들이 아예 접근을 하지 않으니까 생명을 위협받지 않는 안전지대라는 점도 홍학이 이곳을 찾는 이유이다. 그래서 건기가 되면 카트웨호에서 홍학이 분홍빛 멋진 풍경을 만들어 내는 모습을 자주 볼 수 있다.

퀸엘리자베스 국립 공원

퀸엘리자베스 국립 공원은 약 2,000제곱킬로미터의 규모로, 독특하게 사바나의 초원도 있고, 열대 우림과 습지, 크고 작은 호수도 있다. 카트웨호도 이곳에 위치하고 있다. 자연이 잘 보존되어 있는 까닭에 95종 이상의 포유동물과 610여 종의 새가 살고 있다. 특히 이곳은 세계 최대 규모의 하마 서식지이며, 세계에서 가장 다양한 생물들이 사는 곳이라고 한다.

달의 산, 루웬조리산맥

루웬조리산맥은 멀리서도 보일 정도로 높아서 '달의 산'이라고도 불린다. 아프리카에서 세 번째로 높은 마르게리타산이 이 산맥에 있다. 킬리만자로산, 케냐산과 함께 아프리카에서 만년

설을 볼 수 있는 곳이다. 식물의 종류도 다양해서 1991년부터 루웬조리 산지 국립 공원으로 지정해 자연을 보호해 왔고, 1994년에 유네스코 세계 문화유산으로 등록이 되었다.

우간다의 중심 산업

풍요로운 자연환경 덕분에 우간다 산업의 중심은 농업이다. 총인구의 70퍼센트 이상이 농업 활동을 하고 있다. 주로 옥수수, 바나나, 카사바 등을 재배한다. 우간다는 농산물을 수출해서 많은 소득을 올리는데, 예전에는 주로 커피와 면화, 차 등을 수출했다. 최근에는 커피를 포함해 바닐라, 카카오 등을 수출하고 있다. 우간다에는 바다가 없지만 커다란 빅토리아호를 비롯한 크고 작은 호수가 많아서 어업도 적지 않게 이루어지고 있다. 다만 환경 오염과 무분별한 어획으로 물고기의 수가 급격히 줄어들고 있다. 그 밖에 앨버트호에서 유전이 발견되었지만, 여러 가지 문제 때문에 당장은 개발이 어려운 상태이다.

이집트
알리시의 특별한 도자기 그릇

나일강 주변은 짙은 초록색으로 물들어 있었다. 기름진 땅 위에는 밀과 사탕수수가 무럭무럭 자라고, 밭 사이에는 대추야자 나무들이 키 높이 경쟁을 벌이듯 하늘을 향해 높이 솟아 있었다. 푸른 들판 너머에서는 마을 잔치가 한창이었다. 알리시와 같은 도자기 학교에 다니는 락샤 언니의 결혼식이었다. 예식이 끝나고 피로연이 진행되자 마을 사람들은 춤을 추며 흥겹게 놀았다. 그런데 알리시는 못마땅한 표정으로 입을 비쭉 내밀고 있었다.

"락샤 언니, 진짜 학교 그만두는 거야? 같이 도예가가 되기로 약속했잖아."

"남편 될 사람과 부모님 모두 살림만 하길 원해. 다른 언니들도 결혼하면 학교를 그만뒀잖아. 전통적인 풍습이 그러니 나도 어쩔 수 없지, 뭐."

락샤 언니는 쓸쓸한 미소를 지으며 말했다. 락샤 언니가 만드는 도자기는 늘 선생님들의 칭찬을 받았다. 마을 어른들은 언니의 도자기를 비싼 값에 사가기도 했다. 그런데 올해 락샤 언니가 열여섯 살이 되자마자, 부모님들이 일찍 결혼을 시킨 것이다.

알리시가 사는 마을에는 보수적이고 전통적인 이슬람 문화가 강하게 남아 있었다. 일찍 결혼하는 풍습도 그중 하나였다. 게다가 여자들이 결혼하면 집에서 살림만 해야 했다.

"언니의 손재주가 아까워서 그렇지."

"너 배고프겠다. 저쪽 천막에 음식 차려 놨으니까 얼른 가서 밥 먹어."

락샤 언니는 말을 돌리며 알리시의 등을 떠밀었다.

들판 한쪽에는 뜨거운 햇볕을 막아 주는 흰 천막이 세워져 있었다. 그 안에는 나일강의 비옥한 땅에서 기른 작물로 만든 음식이 가득 차려져 있었다. 화덕에서 구운 에이시 빵, 쌀과 콩을 삶아 토마토 소스를 곁들여 먹는 쿠사리, 쌀과 향신료를 배 속에 넣고 구운 비둘기 고기 등 알리시가 좋아하는 음식도 많았다. 하지만 알리시는 먹고 싶지 않았다. 알리시가 천막 밖에서 못마땅한 표정을 짓고 서 있는데, 아빠가 다가와 말했다.

"락샤가 결혼하는 거 보니 부럽지? 돌아가신 네 엄마는 더 어린 열다섯 살에 시집왔었다. 자고로 여자의 인생은 일찌감치 좋은 남편 만나 집안일 잘하고, 아이 많이 낳아 기르는 게 최고야."

"아빠, 전 겨우 열한 살이라고요. 그리고 전 도자기 만드는 일이 세상에서 가장 좋아요. 학교 졸업하면 도예가가 될 거예요."

"또 그 소리냐. 여자가 무슨 일을 한다고 그래. 돈 버는 일은 남자 몫이야. 자꾸 이상한 소리 하려면 당장 집에 가서 밀린 청소나 해 놔."

아빠가 호통쳤다.

"쳇, 여자는 하고 싶은 일도 못 하고, 직업도 못 갖고, 돈도 못 벌고…… 너무 불공평해."

알리시는 혼자 투덜거렸다.

아직 결혼식이 한창이었지만, 알리시는 더 이상 있고 싶지 않았다. 그렇다고 집에 가고 싶지도 않았다. 가 봤자 청소나 해야 했다. 어차피 아빠도 옥수수밭에서 일을 하다가 해 질 무렵에나 들어올 테니, 그 전에만 들어가면 됐다. 이제 어디로 갈까 생각하며 골목 어귀를 서성이는데, 핫산이 긴 막대를 휘휘 저으며 소와 염소들을 몰고 나왔다.

"막대 줘 봐. 내가 몰고 갈게."

"너희 아빠가 알면 어쩌려고. 지난번에도 들켜서 혼났잖아."

"안 들키면 되지. 왜 남자만 목동 일을 해야 하냐고, 나도 잘하잖아."

알리시는 핫산 손에서 막대를 빼앗았다. 그리고 야자수 사잇길로 소와 염소들을 몰았다. 녀석들이 뛰면 같이 뛰고, 걸으면 같이 걸어가며 보조를 맞추는 모습이 진짜 목동처럼 보였다. 그런데 갑자기 염소 한 마리가 옆길로 도망가기 시작했다.

"이 말썽쟁이 같으니라고, 거기 안 서!"

알리시가 큰 소리로 외치며 뒤쫓았다. 길쭉한 다리로 폴짝폴짝 달리는 녀석을 잡기란 쉽지 않았다. 알리시는 밀밭으로 들어가서 허리만큼 자란 잡초를 한 아름 뽑았다.

"여기 봐. 맛있는 풀 여기 있다. 이리 와."

알리시는 염소를 향해 잡초를 살랑살랑 흔들었다. 그러자 염소가 슬금슬금 다가와 잡초를 한 입 베어 물었다. 작전 성공이었다.

알리시는 잡초로 염소를 유인해 무리에 몰아넣은 다음, 나일강으로 향했다. 강변에 도착해서 소와 염소들을 풀어놓았다. 그리고 이마의 땀을 훔치며 안도의 숨을 내쉬었다.

"알리시, 너도 들어와. 물이 진짜 시원하고 좋아."

어느새 핫산은 웃통을 벗고 강에 뛰어들어 수영을 하고 있었다. 나일강은 더위를 피하기에 더없이 좋은 놀이터였다. 알리시도 물속에 들어가 더위를 식히고 싶었다.

그러나 여자는 남자와 달리 옷을 입은 채 수영해야 했다. 옷이 젖은 채로 집에 갔다가는 아빠한테 3일 내내 잔소리를 들을 게 분명했다.

알리시는 수영을 포기하고 강가에서 여유롭게 떠다니는 물새를 바라보았다. 그러다 문득 자신도 모르게 진흙을 뭉쳐 무언가를 만들었다.

"이거 물새야? 진짜 똑같이 잘 만든다."

"이쯤이야, 뭘. 마음에 들면 너 가져."

놀란 눈으로 쳐다보는 핫산에게 알리시는 별거 아니라는 듯 진흙으로 만든 물새를 선물해 주었다.

어느덧 마을을 둘러싼 사막 너머로 해가 저물고 있었다. 알리시는 서둘러 일어났다. 아빠보다 먼저 집에 도착해야 했다. 정신없이 달려 흙과 대추야자 잎을 섞어 만든 흙벽돌 집에 도착했다. 그런데 이럴 수가! 벽 위쪽에 난 작은 창문으로 불빛이 보였다.

알리시는 까치발로 살금살금 집에 들어갔다. 하지만 거실에는 아빠가 떡하니 버티고 있었다.

"여자애 혼자 저녁이 다 되도록 어딜 쏘다니다 오는 거야. 세상이 얼마나 위험한데."

아빠는 걱정하던 표정을 싹 지우고 한바탕 잔소리를 쏟아 냈다.

"아빠, 죄송해요. 다음부터 이런 일 없을 거예요."

"늦게 들어온 벌이야. 밀린 청소랑 빨래 다 하고 자."

알리시는 하는 수 없이 빗자루를 들고 거실과 방 청소를 시작했다. 밀린 빨래까지 하고 나니 잠잘 시간이 훌쩍 지나 있었다.

다음 날 아침, 눈을 뜬 알리시는 깜짝 놀랐다. 늦잠을 자 버린 것이다. 하필이면 서부 사막에서 수업이 있는 날이었다. 사막까지 걸어가면 지각할 것이 뻔했다. 알리시는 헛간에서 당나귀를 끌고 나와 부리나케 달려갔다. 사막 입구에 당나귀를 매어 두고 가 보니 다행히 지각은 아니었다.

"여기 흙 색깔이 다 똑같아 보이지? 그런데 자세히 보면 색깔이 다 달라. 높은 온도에 견디는 흙은 회색이고, 도자기 표면을 강하게 만들어 주는 흙은 붉은색이야. 두 가지 흙을 잘 섞어야 좋은 도자기가 나와."

알리시는 사막의 흙은 다 같은 색이라고 굳게 믿어 왔다. 그런데 선생님의 설명을 듣고 자세히 보니 정말로 다 같은 색이 아니었다. 새로운 비밀을 발견한 기분이었다. 알리시는 눈을 반짝이며 흙을 골라서 한 포대를 가득 채운 뒤, 당나귀에 실어 학교로 돌아왔다.

알리시는 곧바로 두 가지 흙을 섞어 반죽을 만들기 시작했다. 새 작품을 만들 생각에 절로 신이 났다.

'이렇게 재미있는 걸 아빠는 왜 못 하게 하는 걸까?'

아빠를 몇 달이나 설득해서 들어온 학교였다. 아직 부족한 실력이지만, 도자기에 대한 알리시의 열정은 누구보다 뜨거웠다.

"다음 주가 작품 발표회야. 어떤 작품을 만들지 각자 잘 구상해 봐."

선생님 말씀에 알리시의 눈빛이 다시 반짝였다. 도자기 학교에서는 1년에 한 번씩 정기 발표회를 마련했다. 그날은 마을 사람들이 구경 와서 마음에 드는 작품을 사 갔다.

'아빠에게 내 실력을 인정받을 절호의 기회야.'

올해는 아빠에게 멋진 작품을 선보일 자신이 있었다. 갑자기 마음이 다급해졌다.

알리시는 며칠 동안 흙 반죽을 조물조물 만져서 당나귀 인형을 만들었다.

그리고 작은 그릇을 따로 빚어 당나귀 등 위에 붙였다. 그러자 귀여운 당나귀 그릇이 완성됐다. 완성된 그릇을 잘 말린 뒤 가장 좋아하는 색으로 훅훅 칠했다.

마지막으로 그릇을 가마에 구울 차례였다. 선생님은 아이들이 만든 작품들을 가마에 조심스럽게 넣고 불을 붙였다. 가마 온도는 1,000도 이상 올라갔다. 열기가 사그라질 때까지 한나절이 꼬박 걸렸다.

선생님이 가마에서 도자기들을 하나씩 꺼냈다. 잠시 뒤, 알리시가 만든 그릇도 나왔다. 그릇을 본 알리시는 깜짝 놀랐다. 열심히 빚은 당나귀 그릇에 금이 가 있었다. 선생님은 그 그릇을 가만히 살펴보더니 바닥에 던져 깨뜨렸다.

"실패한 작품이야. 반죽에 공기가 남아 있었어."

선생님의 설명에 알리시의 얼굴빛이 어두워졌다. 자신 있게 만든 작품이 실패작이라니, 믿을 수가 없었다. 게다가 아빠에게 보여 줄 다른 작품도 없었다. 알리시의 눈에 눈물이 가득 고였다.

학교를 마친 알리시는 답답한 마음에 나일강으로 향했다. 강가에는 전통 돛단배인 펠루카 한 척이 정박해 있었다.

"무함마드, 왜 혼자 있어?"

"아빠가 독감에 걸리셨어. 그래서 오늘 혼자 나왔지."

무함마드는 대를 잇기 위해 3년 전부터 아빠를 따라 펠루카를 탔다.

"알리시, 너 표정 보니까 안 좋은 일 있구나. 손님도 없는데 펠루카 태워 줄까?"

"진짜? 그래 주면 나야 고맙지."

알리시는 펠루카에 얼른 올라탔다. 무함마드는 접혀 있던 삼각형 모양의 하얀 돛을 펼치고 펠루카를 몰았다. 펠루카는 남쪽으로 천천히 흘러갔다.

"너희 아빠가 도자기 학교 그만두래?"

"당장 그만두라는 건 아닌데…… 맨날 여자가 무슨 일을 하겠다는 거냐, 빨리 결혼할 생각이나 해라, 뭐 그런 잔소리는 여전해."

"음, 잔소리 듣기 싫으면 나한테 시집오든가. 하하."

알리시의 기분을 풀어 주려는지 무함마드가 장난을 쳤다. 그러더니 이내 진지한 표정을 짓고는 목소리를 낮게 깔았다.

"나일강은 신의 선물이지. 땅도 비옥하게 만들어 주고, 맛있는 생선도 잡을 수 있게 해 주고, 게다가 이 강을 가만히 보고 있으면 근심 걱정도 다 사라지지. 에헴."

"갑자기 세상 다 산 노인처럼 말하고 그래. 하하."

"그러니까 내 말은, 나일강 보면서 걱정 다 털어 버리라고."

무함마드의 말에 알리시는 조용히 흐르는 나일강을 바라보았다. 그리고 곰곰이 생각했다. 그랬더니 자신이 어떤 실수를 했는지 하나둘 떠오르기 시작했다.

'내가 빨리 만들 생각에 반죽을 제대로 치대지 않았던 게 분명해. 그래서 공기가 다 빠지지 못한 거야. 그리고 맨날 만들던 접시로는 아빠한테 인정받을 수 없을 거야.'

알리시는 다시 제대로 된 작품을 만들어야겠다고 다짐했다. 그 순간, 시원

한 나일강 바람이 불어와 알리시의 온몸을 훑고 지나갔다. 바람이 우울한 마음을 가져갔는지 기분이 한결 홀가분해졌다.

다음 날, 학교에 온 알리시는 반죽을 새로 만들기 시작했다. 작품을 완성한 아이들은 즐겁게 노래를 부르며 재미있는 놀이를 하고 있었다. 알리시도 그 틈에 껴서 놀고 싶었지만 꾹 참았다. 대신 공기가 다 빠질 때까지 흙 반죽을 꾹꾹 눌러 찰진 반죽을 완성시켰다. 그리고 나니 어떤 작품을 만들어야 할지 고민이 됐다. 실패한 그릇과는 전혀 다른 작품이어야 했다.

'기왕이면 아빠가 자주 사용할 수 있는 그릇이 좋겠지? 맞아. 아빠가 좋아하는 말린 대추야자 열매나 구운 옥수수를 담는 그릇을 만드는 거야. 모양도 제대로 만들고, 잘 꾸미면 진짜 멋있을 거야. 그러면 아빠도 내 실력을 인정해 주실지 몰라.'

상상만으로도 기분이 좋아졌다. 알리시는 도자기 물레를 돌려 둥글고 넓적한 그릇을 빚었다. 그리고 그릇을 건조시키는 동안, 어떻게 그릇을 꾸밀지 고민했다. 좋은 생각이 얼른 떠오르지 않았다. 알리시는 다른 아이들의 작품을 모아 둔 선반으로 다가갔다.

역사를 좋아하는 아즈다는 고대 피라미드와 스핑크스를 그려 넣은 찻잔을 만들었다. 얼마 전 룩소르 지역으로 가족 여행을 다녀온 하디르는 네모난 컵받침에 카르나크 신전을 그려 넣었다. 대추야자 농장을 하는 알리는 탐스러운 대추야자를 커다랗게 그린 비누 받침을 만들었다. 대부분 이집트 전통문화나 마을의 일상을 개성 있게 표현한 작품들이었다.

알리시는 고민 끝에 접시 테두리에 아빠의 이름을 상형 문자로 장식해 넣었다. 친구들의 작품처럼 화려한 그림은 아니지만, 아빠를 향한 알리시의 마음이 가득 담겨 있었다.

 이제 접시를 가마에 굽는 일만 남았다. 알리시는 선생님께 부탁을 드려서 접시를 가마에 넣어 구웠다. 알리시는 걱정스러운 마음에 접시가 구워지는 내내 가마 앞을 서성였다.

 기다림 끝에 드디어 접시를 꺼낼 시간이 되었다. 선생님은 열기가 사라진 가마를 열어 알리시의 접시를 꺼냈다. 알리시는 접시가 잘못 구워져서 또 깨뜨려야 하는 건 아닌지 가슴이 조마조마했다.

 "선생님, 어때요?"
 "이번에는 문제없이 잘 구워졌구나. 잘 만들었다."

알리시는 가슴을 쓸어내렸다. 참 다행이었다. 알리시는 고운 모래를 섞어 만든 물을 짚에 적셔 잘 구워진 접시를 살살 닦아 냈다. 그러자 접시에 광택이 반짝반짝하게 살아났다.

알리시는 나일강에서 이어진 넓고 긴 수로를 따라 걷기 시작했다. 수로는 수십 갈래로 쪼개져 마을 곳곳의 밭과 집으로 뻗어 나갔다. 그 길마다 콩과 사탕수수, 목화 등 다양한 작물이 자라고 있었다. 알리시는 대추야자 숲길로 이어진 작은 물길을 따라 걸었다. 대추야자 나무는 높이를 가늠할 수 없을 정도로 하늘 높이 뻗어 있었다. 꼭대기에는 탐스러운 열매가 주렁주렁 맺혀 있었다.

'아빠가 작품 발표회에 오실까? 안 오겠다고 하시면 어쩌지?'

아빠와의 거리가 가까워질수록 가슴이 떨려 왔다. 곧 아빠가 일하는 옥수수밭이 나타났다. 1년 내내 비가 거의 내리지 않는 메마른 땅은 아스팔트처럼 단단했다. 아빠는 곡괭이로 검은 흙을 파서 막힌 수로를 뚫고 있었다. 아빠 혼자 일하는 모습이 무척 힘들어 보였다. 알리시는 얼른 팔을 걷어붙이고 아빠 옆으로 다가가 땅을 파기 시작했다.

"학교 끝났으면 재깍 집에 갈 것이지, 쓸데없이 여긴 왜 와."

아빠가 언짢은 표정으로 말했다. 아빠의 퉁명스러운 태도에 알리시는 선뜻 입이 떨어지지 않았다. 어떻게 말을 꺼내야 하나 고민하는데, 갑자기 왼쪽 종아리에서 이상한 감촉이 느껴졌다.

"꺅! 아야!"

알리시가 제자리에서 펄쩍 뛰더니 왼쪽 종아리를 번쩍 들어 올렸다. 따끔거리는 부위에 뭔가 시커먼 녀석이 찰싹 달라붙어 있었다. 거머리였다. 아빠는 미끌거리는 거머리를 능숙하게 손으로 떼어 저 멀리 던졌다. 다행히 피는 조금밖에 나지 않았다.

"다리 괜찮니?"

아빠가 안절부절못하며 알리시에게 물었다. 퉁명스러웠던 잔소리쟁이 아빠는 온데간데없었다. 알리시는 자신을 걱정하는 아빠를 보자 용기가 났다.

"네, 괜찮아요. 그런데 아빠, 사실 부탁이 있어요. 내일 학교에서 작품 발표회를 하는데, 오전에 잠깐 구경 오시면 안 돼요? 제가 아빠를 위해 만든 작품이 있거든요."

"음……."

아빠는 확실하게 대답을 하지 않고 묵묵히 막힌 수로를 팠다. 알리시도 더 이상 아무 말 하지 않고 같이 수로를 팠다. 이번에는 아빠도 말리지 않았다. 둘이 힘을 합치자 새 수로가 금세 만들어졌다. 막혔던 물길은 새로 난 수로

를 따라 빠르게 흘러 퍼졌다. 옥수수가 뿌리 내린 흙이 점점 촉촉해지며 진한 색으로 변해 갔다. 그 모습을 본 알리시는 아빠의 단단한 마음도 촉촉하게 변하기를 빌었다.

마침내 도자기 작품 발표회 날이었다. 마을 사람들이 하나둘 학교로 들어섰다. 외국인 관광객들도 마을 숙소에서 소문을 듣고 구경을 왔다. 아이들은 한 해 동안 열심히 만든 작품을 가지고 나와서 팔기 시작했다. 독특한 개성과 분위기를 자아내는 작품들이 많았다.

알리시는 고개를 쭉 빼고 교문을 쳐다봤다. 시간이 다 됐는데도 아빠는 오지 않았다. 다른 아이들의 작품은 빠르게 팔려 나간 반면, 알리시의 작품은 영 인기가 없었다. 그래도 알리시는 크게 상관하지 않고, 교문만 바라보았다. 하지만 아빠의 모습은 여전히 보이지 않았다. 알리시는 점점 초조해지기 시작했다.

"아빠도 안 오고 작품도 안 팔리고…… 난 진짜 실력이 없는 걸까?"

알리시는 풀이 죽었다. 그때 한 외국인이 알리시가 만든 접시에 관심을 보였다.

"이 접시, 네가 만든 거니? 크기도 적당하고 새겨진 상형 문자가 독특하고 멋지구나."

"저희 아빠 이름을 상형 문자로 새긴 거예요."

알리시가 한층 밝아진 목소리로 설명했다.

"아, 네 마음이 담겨 있어서인지 작품이 더 특별하게 느껴지는구나. 내가 살게. 얼마니?"

"죄송하지만 이건 안 팔아요. 아빠에게 드릴 작품이거든요. 대신 이 꽃병은 어떠세요?"

알리시는 사막의 밤을 그려 넣은 꽃병을 보여 주었다. 다행히 외국인 손님은 낙타와 반짝이는 별이 근사하다며 제법 비싼 돈을 주고 사 갔다.

"우아! 나도 팔았다."

신이 난 알리시가 큰 소리로 외쳤다.

"나한테 준다는 작품 좀 보여 다오."

아빠의 목소리에 알리시는 깜짝 놀랐다. 아빠는 알리시가 외국인 손님과 하는 대화를 뒤에서 듣고 있었던 것이다.

"우리 딸의 솜씨가 제법이구나!"

아빠가 흡족한 미소를 지었다.

"진짜요? 그럼 약속 하나만 해 주세요. 일찍 결혼하라는 소리, 다시는 안 하기로요."

아빠는 썩 내키는 표정이 아니었다. 알리시는 그럴 줄 알았다는 듯이 자신이 만든 접시에 말린 대추야자 열매를 가득 담아 내밀며 말했다.

"제가 도자기 멋지게 만들어서 효도할게요. 저 한번 믿어 보세요."

아빠는 열매 한 알을 입에 넣었다. 그리고 빙긋 웃으며 고개를 끄덕였다. 알리시는 빨리 다음 작품을 만들고 싶어서 몸이 근질거렸다.

풍요의 나라 이집트

이집트는 아프리카 북동부에 위치한 나라이다. 지형은 크게 나일강 유역과 서쪽의 사막 지대, 동쪽의 시나이 반도와 홍해, 북쪽의 지중해 등으로 구분된다. 면적은 1,001,450제곱킬로미터로, 한반도의 약 4.5배 크기이며 인구는 약 9900만여 명이다.

이집트의 주요 산업

이집트는 지리적 위치로 인해 고대부터 세계 무역의 중심지였다. 전 국토의 95퍼센트가 건조한 사막이고, 나머지는 나일강 유역인데 수도인 카이로에서 아스완까지 완만한 평야 지대를 이루고 있다. 나일강 주변의 비옥한 땅에서 목화를 비롯해 밀, 옥수수, 쌀, 콩, 사탕수수 등을 재배한다.

이집트 본토와 이스라엘 사이에 위치한 시나이반도에는 엄청난 석유가 매장되어 있어서 이집트 경제에서 중요한 곳이다. 시나이반도 서쪽에는 지중해와 홍해 사이를 이어 주는 수에즈 운하가 있다. 수에즈 운하가 건설되기 전에는 유럽에서 아시아로 가기 위해 아프리카 대륙을 빙 돌아가야만 했다. 그러다 1869년에 수에즈 운하가 건설되면서 시간을 훨씬 단축할 수 있게 됐다. 뿐만 아니라 수에즈 운하로 얻는 수익과 관광 산업은 이집트의 중요한 수입원이 되고 있다.

더 알아볼까요?

문명의 발상지, 나일강

나일강은 아마존강에 이어 세계에서 두 번째로 긴 강이다. 빅토리아호에서 발원한 백나일강과 에티오피아고원에서 발원한 청나일강이 합쳐져 이집트 북쪽의 지중해까지 흐르는데, 총 길이는 6,671킬로미터에 달한다. 이집트를 흐르는 나일강은 지중해로 흘러들기 전에 두 갈래로 갈라지면서 삼각형 모양의 땅을 만든다. 우리말로는 삼각주이고, 그리스 문자 '△(델타)'와 비슷하게 생겨서 델타라고도 부른다.

나일강은 해마다 주기적으로 홍수가 났는데, 물이 잦아들면 나일강 삼각주에 천연 퇴비가 쌓여 농사짓기에 비옥한 땅이 되었다. 밭을 따로 갈 필요도 없고, 거름을 줄 필요도 없이, 물이 빠지기 기다렸다가 씨만 뿌리면 풍년이었다. 나일강 덕분에 먹거리가 풍부해지자, 사람들이 나일강 주변으로 모여들었다. 시간이 흘러 도시가 생기고 나라가 세워지면서 세계 4대 문명의 하나인 이집트 문명이 발달하게 되었다. 그래서 그리스 역사가 헤로도토스는 이집트를 '나일강의 선물'이라고 표현했다.

히잡과 조혼 문화

인구의 90퍼센트가 이슬람교를 믿는 이집트에는 보수적이고 전통적인 가치관이 많이 남아 있다. 그래서 남자는 집안의 경제를 책임지고, 여자는 남편과 아이들을 뒷바라지한다는 인식이 강하다. 농촌 지역에는 여전히 조혼 문화도 남아 있다. 여성이 외출할 때에는 머리를 가리는 전통 의상인 히잡을 의무적으로 써야 한다. 결혼한 여성은 남편의 허가 없이 혼자 여권을 신청할 수도 없다. 이렇게 남녀 차별이 심하다 보니 여성이 남성처럼 직업을 자유롭게 갖거나 사회에 진출하기도 어렵다. 아랍 국가 가운데 여성의 인권과 사회 진출 비중이 가장 낮은 국가가 이집트라는 통계가 있을 정도이다.

다행히 최근에는 이집트에서도 여성 인권을 존중해야 한다는 목소리가 높아지고 있다. 이집트 법으로 18세 미만의 소녀들의 결혼을 금지하는 논의도 이루어지고 있다.

이집트의 전통 음식

에이시

이집트의 전통적인 주식은 에이시이다. 밀과 물, 효모를 반죽해 화덕에서 구워 만드는 납작한 빵이다. 인도의 난처럼 기호에 따라 소스를 찍어 먹기도 하고, 샌드위치처럼 고기와 채소를 넣어 먹기도 한다. 여러 종류와 콩과 쌀, 마카로니 등을 삶은 뒤 토마토소스와 먹는 쿠사리도 이집트의 대표 음식이다.

이집트에서 맛볼 수 있는 별미는 비둘기 요리이다. 이집트에서 비둘기 요리는 결혼식 날이나 귀한 손님이 올 때 대접하는 보양식이다. 우리나라의 닭백숙처럼 비둘기 배 속에 쌀과 여러 재료를 넣은 뒤 튀기거나 구워 먹는 요리이다.

쿠사리

생태 보호 지역, 카룬호

카룬호는 카이로의 남서쪽 파이윰 지역에 있다. 면적은 1,155제곱킬로미터, 길이는 남북으로 40킬로미터이고, 가장 넓은 곳의 폭이 5.7킬로미터에 달하는 커다란 소금 호수이다. 4000만 년 전의 동물 화석과 식물도 남아 있고, 홍학을 비롯한 희귀종의 새, 다양한 물고기와 동물이 머무는 중요한 서식지로도 유명하다. 1983년에 생태 보호 구역으로 지정되었고, 고고학적인 가치도 인정받고 있다.

바람으로 움직이는 전통 돛단배, 펠루카

펠루카는 삼각형 돛을 달고 오직 바람으로 움직이는 이집트 전통 돛단배이다. 나일강은 남쪽에서 북쪽으로 흐르지만, 바람은 지중해가 있는 북쪽에서 남쪽으로 분다. 그래서 남쪽으로 가려면 흰 돛을 펼쳐 바람을 따라 움직인

다. 반대로 북쪽으로 갈 때에는 흰 돛을 접고 키만 조정해 강의 흐름을 따라 쉽게 목적지까지 흘러갈 수 있다. 고대에는 생필품이나 농산물을 실어 나르는 교통수단이었지만, 오늘날에는 나일강을 유람하려는 관광객을 싣고 다니는 관광 수단으로 인기가 높다.

이집트의 여러 사막

국토 대부분이 사막인 이집트에는 크게 세 가지 사막이 존재한다. 우선, 세계 최대 사막인 사하라 사막이 아프리카 서쪽의 모로코부터 리비아에 걸쳐 이집트까지 넓게 퍼져 있다. 이집트 서부에는 리비아 사막의 일부가 걸쳐져 있다.

수도 카이로에서 남서쪽에는 바하리야 사막이 있다. 모래 색깔에 따라 흑사막과 백사막, 크리스털 사막으로 이루어진 아름다운 사막이다. 건조 지역에서 볼 수 있는 진기한 기암괴석과 암석들을 관찰할 수 있다.

이처럼 이집트는 인간이 살기에는 힘든 건조한 모래 지형이 대부분이지만, 나일강 부근에는 파이윰과 시와 등 지하수가 샘솟아 만들어진 오아시스 마을들이 있다. 자연적으로 생긴 오아시스 덕분에 사람들은 수로를 만들고, 대추야자 농사를 지으며 살아갈 수 있었다.

무더운 사막 기후

이집트의 대부분은 비가 거의 오지 않는 사막 기후이다. 1년 동안 내리는 비의 양이 200~300밀리미터 정도일 뿐이다. 사막의 일부 지역은 몇 년 동안이나 비가 내리지 않을 때도 있다. 계절은 여름과 겨울만 있다. 4월에서 10월은 덥고 건조한 여름, 11월에서 3월은 낮에는 덥고 밤에는 서늘한 겨울이다. 4월에서 6월까지는 '캄신'이라고 부르는 모래 폭풍이 불어온다. 캄신은 봄철에 남쪽에서 발생하는 뜨거운 바람이다. 또한 사막은 일교차가 매우 심한데, 해가 뜨면 모래와 바위가 뜨거워지면서 메마른 대기로 열을 내뿜지만 해가 지면 빠르게 열이 식기 때문이다.

파라오의 무덤, 피라미드

고대 이집트인들은 이집트를 통치하는 왕, 파라오가 죽으면 영혼이 돌아와서 새로운 삶을 산다고 믿었다. 그래서 파라오가 죽은 뒤, 육체를 잘 보관할 수 있는 공간을 만들었다. 그곳이 바로 피라미드이다. 세상에서 가장 큰 피라미드는 기원전 2560년에서 기원전 2600년 사이에 만들어진 것으로 추정되는 쿠푸왕의 피라미드이다. 밑면은 사각형이고, 네 개의 옆면은 삼각형인 사각뿔 모양이다. 평균 2.5톤의 돌을 230만 개 이상 쌓아서 만들었다. 건설되었을 당시의 높이가 약 147미터에 이르렀다고 한다. 피라미드는 세계의 불가사의한 건축물로 손꼽힌다. 많은 양의 거대한 돌을 어디에서 어떻게 가져왔는지, 무거운 돌을 어떻게 쌓아 올렸는지 등등 피라미드는 아직도 풀리지 않은 수수께끼로 남아 있다.

왕의 권력을 상징하는 스핑크스

사람 머리에 사자의 몸을 가진 동물로 고대 이집트 왕의 권력을 상징한다. 또한 피라미드를 지키는 수호신이기도 하다. 그리스 신화에서 스핑크스는 여성의 얼굴에 날개 돋친 사자의 모습을 하고 있다. '아침에 네 발, 낮에는 두 발, 저녁에는 세 발이 되는 것이 무엇이냐?'라는 수수께끼를 낸 뒤 못 맞히면 잡아먹는 무서운 괴물로 등장하기도 한다.

가장 유명한 스핑크스는 카프레왕의 피라미드 앞에 세워진 스핑크스이다. 길이 약 70미터, 높이 약 20미터, 폭 약 4미터에 달하는 이 스핑크스는 사자의 몸에 카프레왕으로 추정되는 얼굴을 하고 있다.

안타깝게도 스핑크스는 사막에서 불어오는 모래바람에 깎여 나가면서 파손된 경우가 많아서 철저한 보수와 관리가 필요하다.

이집트 상형 문자

이집트의 상형 문자는 그리스어로 '성스러운 기록'이라는 의미를 가진 '히에로글리프'라 불린다. 이 상형 문자는 기원전 3200년경부터 고대 이집트에서 공식 문자로 사용했다. 인체의 각 부분과 사람의 동작, 동물과 식물의 형태, 지형과 천체의 갖가지 모양 등을 본따 글자로 만들었다.

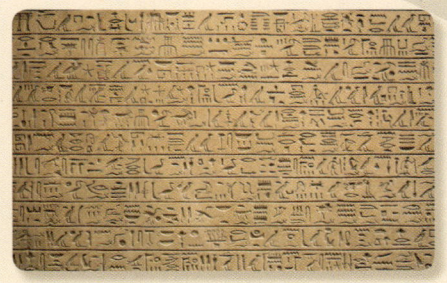

이집트인들은 역사와 풍습, 습관 등을 사원이나 피라미드 벽에 상형 문자로 새겨 넣었다. 고대 이집트인들은 일상생활에서도 상형 문자를 사용했는데, 처음에는 돌판을 많이 사용했지만, 돌판은 무거워서 들고 다니기 힘들었다. 그래서 나일강 주변에 많이 자라는 갈대인 파피루스를 종이로 만들어 이용했다. 파피루스 덕분에 글을 쓰는 것이 쉬워졌고 보관도 편해졌다.

아프리카

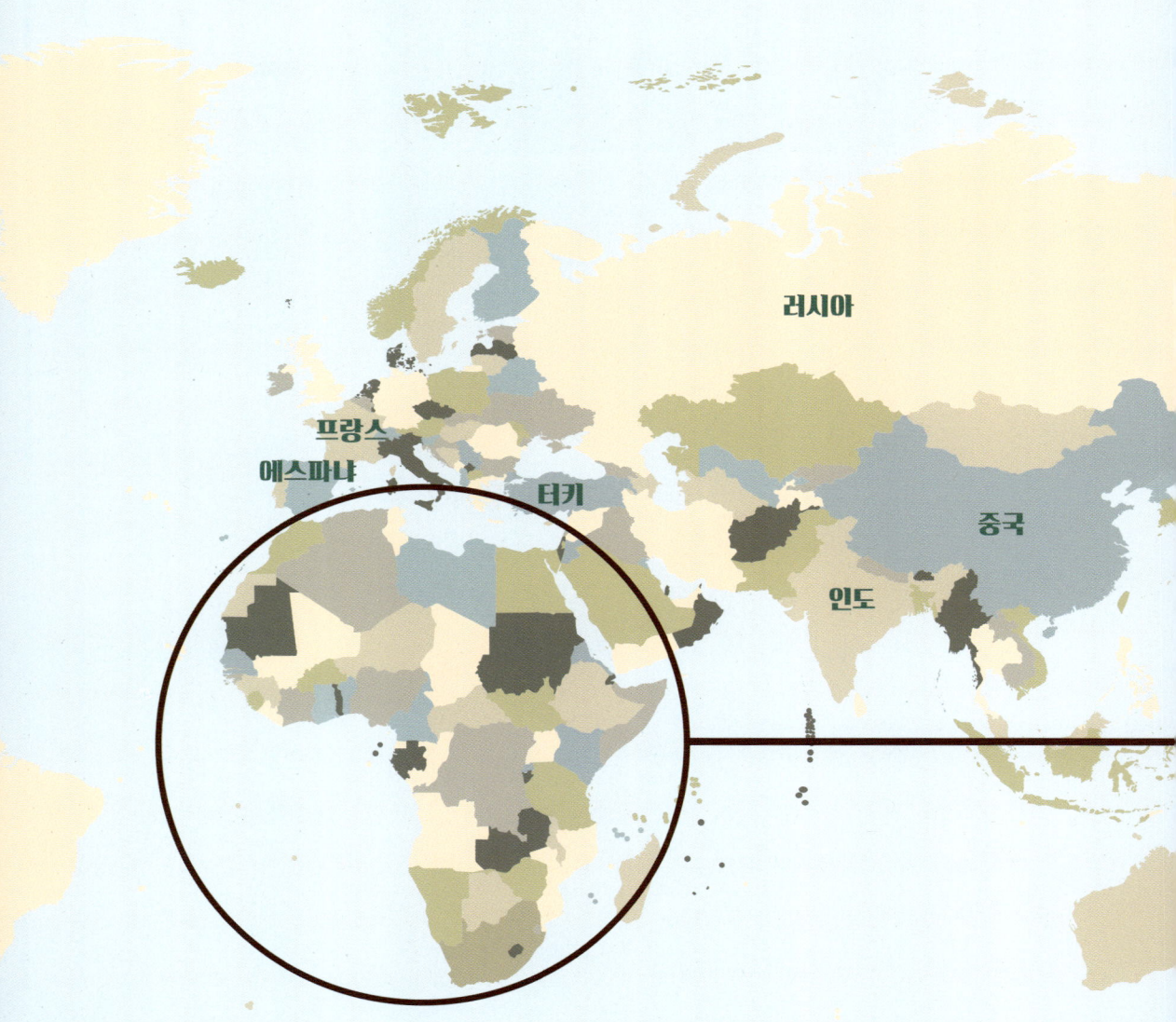

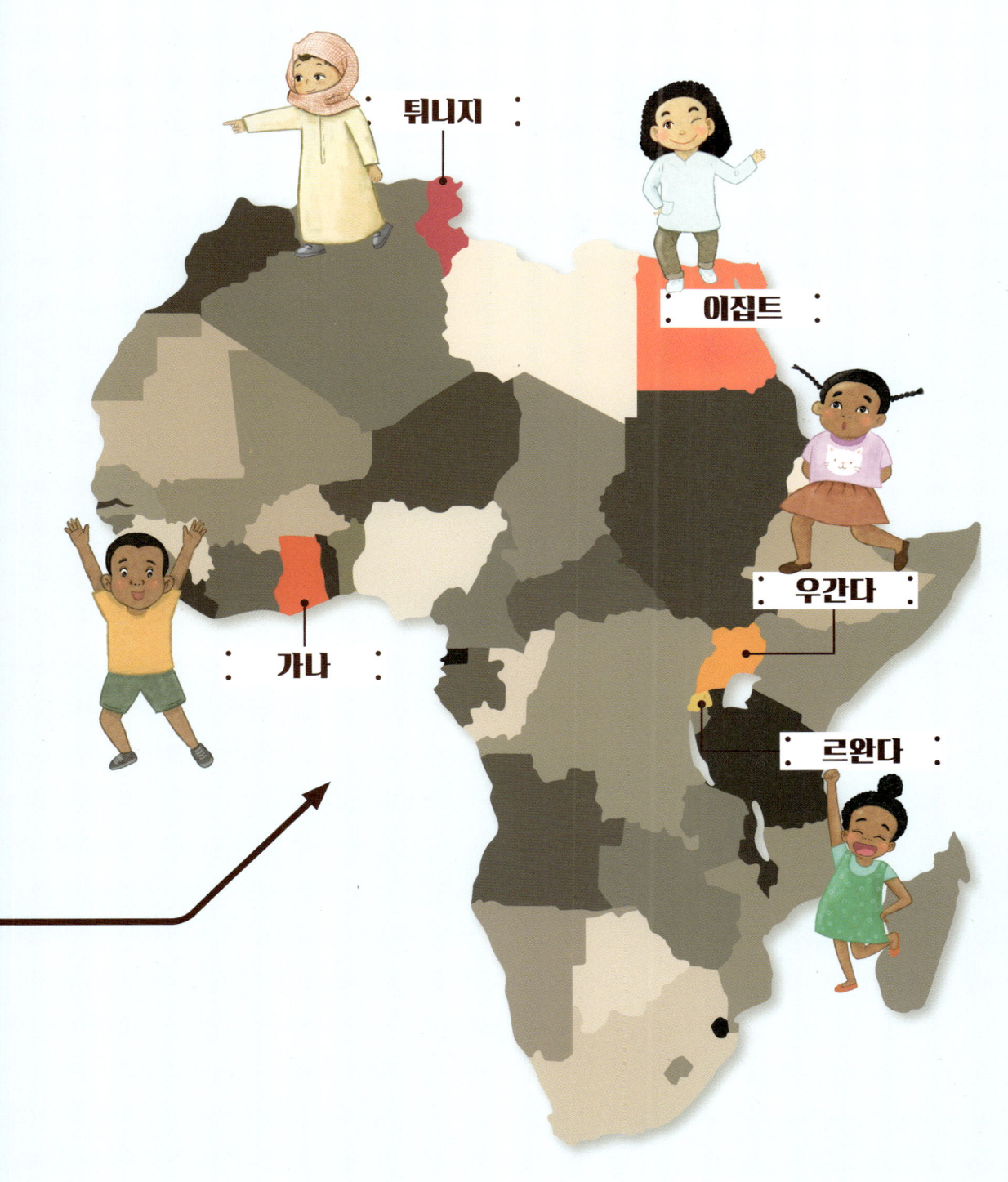

하루놀 책 속에서 하루 신나게 놀자!

세계 속 지리 쏙

모래 폭풍 속에서 찾은 꿈

초판 1쇄 발행 2018년 07월 20일
초판 6쇄 발행 2022년 07월 01일

글 김연희, 이현희 | 그림 배민경

ⓒ김연희, 이현희, 배민경 2018
ISBN 979-11-88283-45-3 73300
ISBN 979-11-88283-30-9 (세트)

* 저작권법에 의하여 한국 내에서 보호를 받는 저작물이므로 무단 전재와 무단 복제를 금합니다.
이 도서의 국립중앙도서관 출판예정도서목록(CIP)은 서지정보유통지원시스템 홈페이지(http://seoji.nl.go.kr)와 국가자료공동목록시스템(http://www.nl.go.kr/kolisnet)에서 이용하실 수 있습니다. (CIP제어번호 : CIP2018018195)
* 책값은 뒤표지에 있습니다.
* 잘못 만들어진 책은 구입하신 곳에서 바꾸어 드립니다.

발행처 주식회사 스푼북 | 발행인 박상희 | 출판신고 2016년 11월 15일 제2017-000267호
제조국 대한민국 | 주소 (03993) 서울시 마포구 월드컵북로6길 88-7 ky21빌딩 2층
전화 02-6357-0050(편집) 02-6357-0051(마케팅)
팩스 02-6357-0052 | 전자우편 book@spoonbook.co.kr
*10세 이상 어린이 제품

| 제품명 모래 폭풍 속에서 찾은 꿈 | 제조자명 주식회사 스푼북 | 제조국명 대한민국 |
전화번호 02-6357-0050
주소 (03993) 서울시 마포구 월드컵북로 6길 88-7 ky21빌딩 2층
제조년월 2022년 07월 01일 | 사용연령 10세 이상

※ KC마크는 이 제품이 공통안전기준에 적합하였음을 의미합니다.

⚠ 주 의
아이들이 모서리에 다치지 않게 주의하세요.